自分では
わからない
心のクセ

人に嫌われる法則

RYUHO OKAWA
大川隆法

まえがき

能力があればあるほど、人から評価され、頼りにされ、好かれると思っている人は多かろう。そういう人は、人に好かれていないと思うと、かえって「努力逆転の法則」に引っかかってしまう。

いったん人に嫌われ始めると、「どうだ見たか。俺《おれ》はこんなにできるんだぞ。」と見せれば見せるほど嫌われていく。その自慢話、「三回目」には嫌われているのに、十年も二十年もやり続ける人がいる。ほんとうは、他《ほか》の人が何と思うかなどおかまいなしに、自分の気持に言いきかせ、自分の心に麻酔薬を射《う》つのが目的なのに、である。

一定の年齢を超えると、個人として優れているより、チームとして成果を上げる人が評価されてくる。しかし、「自己愛人間」には、それが届き難《がた》い「悟り」となる。

本書は仕事論の変化形でもあるが、比較的優秀な人たちが失敗し、嫌われる理由を、知っておれば、「転《ころ》ばぬ先《さき》の杖《つえ》」になることだろう。

二〇一八年　一月十九日

幸福《こうふく》の科学《かがく》グループ創始者兼総裁《そうししゃけんそうさい》　大川隆法《おおかわりゅうほう》

人に嫌われる法則　目次

第1章　人に嫌《きら》われる法則

SOLUTION

SUMMARY

第2章　Q&A　人に嫌われる意外な原因と対処法

二〇一七年十一月三十日
東京都・幸福の科学総合本部にて

SUMMARY

対処法まとめ

第1章

人に嫌《きら》われる法則

二〇一七年十一月三十日　説法《せっぽう》
東京都・幸福の科学総合本部にて

POINT 1

自分を変えず、他人《ひと》を変えようとする人は？

自分の心は支配できるが、ほかの人の心は支配できない

今回のテーマでは、「人に嫌《きら》われる法則」という、少し穿《うが》った言い方をしてみたのですが、これは、「幸福の科学の教えを逆に裏側から見たら、どうなるか」というようなことになるかもしれません。

普通《ふつう》でしたら、私は、ポジティブに、「人に好かれる法則」などというようなテーマで話をするのが当たり前なのですけれども、〝逆のサイド〟から話をしても、みなさんには思い当たることもいろいろあるかと思うので、たまには、そういう話をしてみようと思います。

私は、三十年以上、「心の法則」を中心にいろいろな教えを説いてきているのですが、「世代も代わってきたので、原点のあたりから、繰《く》り返し、何度も何度も言い直していかなくてはならないのではないか」と考えています。

また、最近、大人になって、当会に入ってきた人だと、もしかしたら、こういう教えを知らない可能性もあると思いますし、幸福の科学グループは政党（幸福実現党）でも活発に活動し、世の中を変えていこうとしているので、「そういうものだ」と思っているかもしれません。

しかし、当会では、「人間は、自分の心については百パーセント自分で支配できるけれども、ほかの人の心については支配できない」という教えが比較《ひかく》的早いうちから説かれています。

これは、当会の教えのなかで大事なものの一つなのです。

「意馬心猿《いばしんえん》」――心を支配することの難しさ

この教えを意外に思い、「自分の心を百パーセント支配することなどできない」と考える人もいるかもしれません。

「意馬心猿《いばしんえん》」という言葉があります。これは、「意思は馬《うま》のごとし。心は猿《さる》のごとし」ということであり、「心は馬や猿のように自由にならない」という意味です。

暴《あば》れ馬に乗って手綱《たづな》を取っても、全然、思うように走ってはくれません。素人《しろうと》が乗ると、そうなります。馬に初めて乗ったら、怖《こわ》くて怖くてしかたがないものです。

猿も、「キャッ、キャッ」という感じで、そう簡単に支配できるものではありません。バナナで釣《つ》るぐらいしか方法はなく、思うように動かすことはできないのです。

以前、私はタイで象に乗ったことがあります。「昔は（過去世《かこぜ》では）乗っていたはずだから、乗れるはずだ」と思い、乗ってみたのですが、象の背中の上はけっこう怖い所でした。

象の背中の上に荷台があるのですが、地上からだと三メートルはあるでしょうか。五メートルはないかもしれませんが、三メートルぐらいはあると思うのです。その荷台に乗るのですが、やはり揺《ゆ》れるので、「いやあ、象の上って、けっこう怖いなあ」と感じました。「タクシーだ」と思って乗れば平気なのでしょうが、慣れないと、周りに囲いがあっても怖いものは怖いのです。

そのような動物にたとえて言えば、心というものは、なかなか自由にならないように思うのが普通かと思います。

また、私自身、子供時代から青少年時代ぐらいまでを振《ふ》り返ると、「思うようにはならなかったかなあ」と思います。結局、「そうは言っても、こうなってしまうわけよ」という感じになり、あとで反省したり、困ったり、ベソをかいたりすることがあるわけです。

努力すれば、次第《しだい》に自分の心を統御《とうぎょ》できるようになる

しかし、その「思うとおりにならない自分の心」を、宗教修行《しゅぎょう》によって、あるいは、精神修養に関する教えを勉強していくことによって、次第《しだい》しだいに自分で統御《とうぎょ》できるようになってくるのです。ここがミソのところです。「自由にならない」と思っていたものが、実はコントロールできるようになるのです。

最後には、戦国時代において、織田《おだ》氏の軍勢にお寺と一緒《いっしょ》に焼かれた快川《かいせん》和尚《おしょう》(武田信玄《たけだしんげん》の葬儀《そうぎ》の大導師《だいどうし》)が、「心頭滅却《しんとうめっきゃく》すれば火も亦《ま》た涼《すず》し」と言ってのけたような境地になるのかもしれません。

この話が本当かどうかは分からないのですが、そのように、「心は統御できるものだ」と言われていますし、「努力すれば、だんだん、そうなってくるものだ」ということは、やってみれば分かると思います。

八割以上の人は周りの人を変えようとする

ところが、たいていの人は、これの反対であり、自分の心を変えようとは思いません。要するに、自分に都合《つごう》のいいように道が開けるのがいちばんよいことなので、自分を変えずに周りの人を変えようとします。それを思いつくほうが早いのです。

家庭のなかであれば、例えば、「家族が、自分に対して、もう少し機嫌《きげん》のよくなる取り扱《あつか》い方をしてくれれば、勉強も家の手伝いもし、学校にもきちんと行くんだけど、気に入らないことがあるから、それが原因でできない」というようなことに持っていきます。通常、こちらのほうに流れることが多いのです。

ほかにも、例えば、「お父さんが夜帰ってくるのが遅《おそ》くて、家庭のなかが冷《ひ》え切ってしまい、うまくいかないから、やる気がなくなって、僕《ぼく》は勉強できない」とか、「うちのお母さんはご飯《はん》をつくるのが下手《へた》だから、僕は女性嫌いになったんだ」とか、「学校に行って弁当を見たら、友達はすごくいい弁当を持ってきているのに、自分の弁当には、いつも、同じようなザッとしたものしか入っていないので、からかわれたりする」といったように、「ほかの人が原因で、自分は惨《みじ》めな気持ちになっている」「腹が立っている」というように考えるのが普通です。

仕事をしていても同じです。「これは、自分がミスをしたかな」「自分が駄目《だめ》だったかな」などと思うより前に、まずは、「上司がバカだから、こうなった」とか、「同僚《どうりょう》がまったく助けてくれないから、こうなった」とか、「部下の出来がよければ、どんなバカが上に載《の》っていたって仕事ができるものなのに、部下の出来が悪いから、このようにつまずくんだ」などと考えるわけです。

これが普通です。八十パーセント以上は、こうなります。それを「言うか、言わないか」は別ですが、「心の扉《とびら》」を開けてみたら、だいたい、このような感じになっているのが、「凡人《ぼんじん》」と言われる通常人の生き方なのです。

「宗教的人間」は、まず自分の心の内を振《ふ》り返る

これに対して、「宗教的人間」はどうかというと、この反対を行こうとするのです。

まずは自分の心の内を振《ふ》り返り、「自分自身に何か問題がなかったかどうか」ということを考えます。

何か物事がうまくいかなかったり、家庭がうまくいかなかったり、仕事がうまくいかなかったり、勉強がうまくいかなかったりしても、「これは、自分自身の

心構えや取り組み方、段取り、人間関係のつくり方、ほかの人の言葉の受け止め方、あるいは、まずかったことに対する対処法等の問題である」と考え、「自分がもっとできたことは何かなかったか」ということについて、まず振り返るのです。

宗教的人格を持つ人の特徴《とくちょう》は、これです。

こういう人の場合、ほかの人を責めるのは二の次になるわけです。

もちろん、言わなくてはいけないこともあります。ほかの人が失敗することもあるので、それについて、注意をしなくてはいけないことや、変えるように言わなくてはいけないこともあります。

しかし、自己保存的な気持ちで、自分を護《まも》りたいがために、ただただ、「周りが悪い」というような言い方をするのでは、残念ながら、宗教的人格としては修行が一歩も進んでいないと言わざるをえないのです。

もっとも、自分自身についていくら反省したところで、北朝鮮《きたちょうせん》の金正恩《キムジョンウン》がミサイルを発射するのを止められないところはあるでしょう。そういう意味での外部要件というか、外部事情はあるかもしれません。

ただ、まず自分自身の考え方を変え、「自分がやれることは何なのか」ということを考えることは大事です。

まずは、「自分自身の考えの持ち方に何か問題はないか」「自分が変えられることはないか」「自分自身で意見を言えることはないか」ということを考えてみるのです。

そして、自分の動きや考え方によって、間違《まちが》いがあったり、周りが共同幻想《げんそう》を抱《いだ》いていたりするようであれば、直していけるところは直していかなくてはならないのではないかと思います。

そういうことで、だんだん、「内から外へ」とステップが動いてきます。自分の内を見直すことから始め、だんだん、外に向かって意見を発信したり行動したりすることも、当然出てくるわけです。

POINT 2

自分を客観視できない人は？

ほかの人の授業を妨害《ぼうがい》していた学生運動の人たち

昔、学生運動等で「安保闘争《あんぽとうそう》」などがありました。学生たちが、本業（学業）をほったらかして、ヘルメットを被《かぶ》り、タオルを巻いてマスクにし、角材を持って、「教室を閉鎖《へいさ》して授業をさせない」ということをやっている時代もあったのです。

しかし、〝阿修羅《あしゅら》〟波動《はどう》が非常にきつく、ほかの人に迷惑《めいわく》をかけながら、とにかく自分の言うことを通そうとしている感じには、なかなかなじめないものがありました。

私が大学時代を送ったころには、もう「安保闘争」は終わっていましたが、まだ「全学連《ぜんがくれん》（全日本学生自治会総連合）」等は残っていたので、ときどき授業中に入ってきて、「諸君！」などと言い出し、授業を邪魔《じゃま》する人がいたりしました。

先生のほうは、「君たち、そんなことをしていると、自分で自分の首を絞《し》めることになるぞ」と言い返していましたが、その人は、「私たちの権利です！」と言っていたのです。

いちばん嫌《いや》だったのは何かと言うと、法学部が試験をやっているときに、下のほうで、文学部の暇《ひま》な人たちがマイクを握《にぎ》り、「われわれは、今こそ立ち上がり、○○をせねばならないのです！」などと叫《さけ》んでいたことです。彼らにはその日、試験がなかったのだろうと思いますが、法学部の学生たちが試験を受けて答案を書いているときに、そういうことを言っていたのです。まあ、そのときの答案に何を書いたか、もう忘れてしまいましたが。

「自分たちには試験がなくても、ほかの学生たちが試験を受けていることぐらい、分かるだろうが！」という気はするのですが、そういう人たちは、ほかの人の気持ちを考えないわけです。これには頭にくるところがあります。

とにかく、他罰《たばつ》的で、ほかのところを攻撃《こうげき》することによって我《が》を通そうとする人たちは、いつの時代にも、ずいぶんいることはいるのですが、やはり、「なすべきことをきちんとなしてから、言うべきことを言う」という順序を守らなければいけないのではないかと思うのです。

ほかの人の授業を邪魔したり、ほかの人の入試を潰《つぶ》したりしながら自分たちの我を通そうとするのは、反抗期《はんこうき》の子供のようであり、情けない面があったのではないかと感じます。

また、そういうなかで、教師と生徒との信頼《しんらい》関係が失われていった面もありました。学生は教師からもっと教わることができたのに、心を開かなくなった教師

●ほかの人の入試を潰したり……　大学紛争の影響を受け、東京大学の1969年の入学試験は中止となった。

も出てきましたし、「教師を見たら敵と思え」という感じだったら、何をしに入学してくるのか分からないところもあります。

そういうこともあるので、「お互《たが》いに、もったいないことをしているのではないか」という気持ちが私にはありました。

会社等に入っても、同じようなことはあるのではないかと思います。

「青い鳥」や「幸福の国」を求めても……

チルチルとミチルの「青い鳥」の世界ではありませんが、「自分が自由にやって、そのまま認められ、ハッピーになるような世界がどこかにあるのではないか」と思って世界中を探し回っても、そういう世界は現実にはないのです。

例えば、「幸福の国ブータン」とテレビで宣伝されることもあるので、「では、みなさん、今日からブータンに行きましょう」と言って、実際に行ったとしても、一週間もしないうちに逃《に》げて帰りたくなる人がほとんどでしょう。

「いやあ、確かに、東京は物騒《ぶっそう》で競争が激しく、きついところだけれども、ブータンも、忍耐《にんたい》するのがなかなか大変なところですね」というような感じで、おそらく逃げて帰るだろうと思います。

そのように、ほかの人のいるところがよく見えることはありますが、「そこへ行けば、自分は完全に幸せになる」ということはないと思うのです。

南の島のリゾート地は、旅行で遊びに行くのはよいと思いますし、観光プランで観《み》る分には「よさそうだなあ」と思いますが、仕事がない状態で海辺《うみべ》に延々とプカプカ浮《う》いていたら、何日かたつと狂《くる》いそうになってき始めるだろうと思いま

ブータンの首都ティンプー市街の風景。

す。

そういうところは、傍目《はため》には理想的に見えても、なかにいる人にとってはそうではないわけです。環境《かんきょう》を変えると気分がよくなる面は確かにあるのですが、どこに行っても、しばらくすると、そこの問題点が目についてきますし、「これではいけない」というような気になってくることが多いのです。

格差をなくすと、成功者がいない世界になる

「チャンスの街ニューヨーク」に行けば成功するかといえば、成功する人も多いけれども、その反面、落ちこぼれる人が数多くいることも事実です。

しかし、成功者が出るところは競争が激しく、脱落者《だつらくしゃ》も数多いからといって、そちらのほうにだけ目を留《と》めて脱落者が出ないようにすると、今度は成功者もいなくなる世界になるのです。

例えば、現代では、左翼《さよく》である共産主義や社会主義の思想が、姿を変えて、「格差の存在自体が悪い」という言い方をしています。「マルクスは……」などと言っていると古臭《ふるくさ》い感じがするので、「格差はいけない」という言い方をするわけです。

しかし、歌手で女優のマドンナでも誰《だれ》でもよいのですが、成功しようとして田舎《いなか》からニューヨークに出てきた人が、頑張《がんば》って億万長者《ちょうじゃ》になったとします。そのように成功するまでには、当然、激しい競争があったでしょう。

ところが、「格差をなくす」ということだけを言い、例えば、「どんな歌を歌おうとも、年収は一律に百万円です。歌がよかろうが悪かろうが、年収は同じです」と決めていたら、歌がうまくなることはないし、成功者も出ないのです。

やはり、修業して、多くの人の心をつかむ努力をし、「どうやってヒットさせるか」ということを研究している人が、ある程度、認められるようでないと、人間は成長しません。

その結果、気の毒ではありますが、歌手として食べていくことができず、歌手をやめて、ほかの仕事を考えなくてはいけない人もいるでしょう。

ただ、「プロの歌手としては食べていけなくても、幼稚園《ようちえん》で、子供たちに歌を聞かせたり、オルガンを弾《ひ》いたりするぐらいだったら、十分にやれる」という人はいるでしょう。あるいは、「教会で、オルガンを弾いたり、歌を歌ったりするぐらいだったら、いける」という人もいるかもしれません。

「自分の分限《ぶんげん》は、どの程度か」を知らなくてはならない

したがって、「自分の分限《ぶんげん》は、どの程度のところにあるか」ということを知るのは非常に大事だと思うのです。「自分自身の才能や能力、今までやってきたことの実績等から見て、自分に対する現在の扱《あつか》いは、このくらいが妥当《だとう》である」と

いうことを客観的に見る目が大事なのです。

「生まれ持った才能や環境、努力の量、積み上げてきた実績から見て、自分の扱われ方は、よくてこのあたり、悪くてこのあたりである。だいたい、このくらいの幅《はば》のなかに入っていると、妥当な扱いではないか」ということが客観的に見えないようでは、大人になっているとは言えないわけです。

「自分は必ず特別な扱いをされ、トップまで行かなくてはならない」と思うなら、まだ甘《あま》いでしょう。〝通行手形《てがた》〟のように、何にでも通用するものは現実にはないのです。

社会人になると、仕事の仕方や人間関係力が問われる

例えば、大学入試を受ける人たちの学力にはずいぶん差があります。易《やさ》しい試験なら、あまり差がつかなくても、試験が難しいと、百点も二百点も差が開くこ

ともあります。

そうすると、もし、五百点満点の試験で、自分は二百点ぐらいしか取れていないのに、一方では四百点も取っている人がいたら、「自分より頭が二倍よいのかな」と思ったりすることもあるでしょう。試験の難度が上がれば、グーッと差が開くことがあるのです。

そして、それぞれ違《ちが》う進路に進んでも、「頭の違いがそれだけある」と思うかもしれません。

ところが、その四年後なら四年後に、会社へ入って仕事をやってみると、試験の点数のような差は現実にはないのです。

実社会に出てみると、「勉強がよくできたかどうか」ということよりも、「よく気が利《き》く」とか、「周到《しゅうとう》に準備する」とか、「仕事が溜《た》まってから、まとめて一気にやろうとするのではなくて、毎日、まめにコツコツこなしていく」などということが大事になります。

その人の「性格」や「仕事への取り組み方」「段取りの仕方」等によって、けっこう、仕事ができたり、できなかったりするわけです。

それから、人間関係では、例えば「上司の使い方」が大事です。「上司は使うものだ」という言い方もありますが、上手に相対《あいたい》すれば、上司から智慧《ちえ》を引き出すこともできます。部下にとって、自分の仕事を進めるための武器がいくらでも出てくるのが上司なのです。上司を上手に使えば、仕事はもっと進みます。

また、同僚《どうりょう》たちを「ライバルだ」と思い、ただただ競争していると、お互いに手の内を見せず、敵視して協力できない関係になりますが、友達として心を開いて付き合えば、いろいろとアドバイスし合える仲にもなれるのです。

部下に対しても、ライバル視することもできれば、「入社が一年違えば、神様と虫けらぐらい違うのだ」と考え、単にいじめまくることもできるかもしれませんが、部下たちに造反されては、仕事はなかなか進むものではありません。

したがって、個人としての書類仕事のうまさも大事ですが、「ほかの人との付き合い方によって、仕事の進み具合が左右される」という問題もあるのです。

特に、〝プロジェクト案件〟風に大勢の人がかかわって、何かを仕上げようとするものの場合には、「人間関係の調整能力」や「多くの人たちをまとめていく能力」、「引っ張っていく能力」等は、非常に重要な能力の一つです。ただ、それには、学生時代までに客観的に測れたものだけでは測り切れない面があります。

社会人になると、そうした変数が出てくるので、自己イメージとは違う結果が生じてくることも数多くあるのです。

世間《せけん》には、「人生は思うとおりになる」というような教えを説くものはたくさんありますし、それに似た教えは当会にもあります。

ただ、確かにそういう面もあるのですが、現実には、同じものを目指している人がたくさん存在しているので、「これまでの努力の総計と能力の総計から見て、この人に許されるのは、このあたりまでである」というものは出てくるのです。

このへんを「分限」と言うなら、そうなのですけれども、自分の「分《ぶん》」を知り、その分限を超《こ》えた成功や幸福を得ようとするならば、もう一段、何らかの努力が必要になりますし、他の人の力を借りなければいけないようになるわけです。

自分一人でできる仕事は、やはり少なく、それほど多くはないので、「他の人の力を借りなければ、より大きな仕事はできず、成功を成し遂《と》げることはできないのだ」ということを知らなくてはいけません。

POINT 3

周りの迷惑《めいわく》を考えない人は?

横綱《よこづな》・日馬富士《はるまふじ》の引退表明に見る「アンガー・コントロール」

ここで気をつけなくてはいけないことは、次のようなことです。

最初に、「自分の心はコントロールできる」と述べましたが、自分の心のなかから「周りを害したり毒したりするもの」を出さないように、コントロールしていかなくてはなりません。

最近、「アンガー(怒《いか》りの)・マネジメント」という法話《ほうわ》もしました(二〇一七年十一月二十一日説法《せっぽう》)。そのように、「アンガー・コントロール」をしなくてはいけないことは当然ですが、「ほかの人の気持ちを察して、どのように考えるか。

あるいは、どのようなことを言うか」という考え方も大事です。

また、「自分と他人《たにん》とがやり合っているとき、それは第三者からどう見えるか」ということも大事です。

昨日《きのう》（二〇一七年十一月二十九日）、テレビのニュースでは、「●横綱《よこづな》の日馬富士《はるまふじ》が、警察の判定が出る前に引退を表明した」と報じられていました。

文化的な違《ちが》いもあるのかもしれませんが、「引退する」と言いつつも、モンゴル生まれの横綱の顔には、納得《なっとく》していない感じがはっきりと出ているように思いました。なぜ引退しなくてはいけないのか、本当は「引退する」と言った本人が分からない状態なのではないかと思います。

日馬富士関《ぜき》は、「後輩《こうはい》を指導しただけだ。生意気《なまいき》なことを言う後輩を指導するのは当然で、当たり前のことだ。横綱がそれをして、なぜいけないのか。暴力といっても、これは私的行為《こうい》であって、カラオケのある部屋で殴《なぐ》ったことぐらい、

●横綱の日馬富士が……　日馬富士が秋巡業《あきじゅんぎょう》中に、酒の席で関取《せきとり》の貴《たか》ノ岩《いわ》を殴って怪我《けが》を負わせたため、警察が捜査《そうさ》していたが、捜査中の段階で、日馬富士は横綱としての責任を取って引退した。

別にどうってことはないではないか。先輩として指導を与《あた》えただけだ」と思っているのかもしれません。

ただ、それが事件のようになり、大騒《おおさわ》ぎになったら、日本では「世間《せけん》を騒がせた」ということだけで〝罪〟に当たり、責任を取らなくてはいけないことになるわけです。

モンゴル出身の三十三歳《さい》（説法時点）の横綱には、まだ、これが少し分からない感じなのではないでしょうか。なかなか難しいものだろうと思いますが、「分からない」ということがはっきりと顔に出ていました。

北朝鮮《きたちょうせん》の指導者は自分を客観視できていない

昨日のニュースでは、その横綱の問題と、「金正恩《キムジョンウン》氏が二カ月半ぶりにまたミサイルを撃《う》った」ということが大きなものでした。

今回、北朝鮮《きたちょうせん》は、ミサイルを高度四千キロ以上に撃ち上げたのですが、「これを通常の高度で撃つと、アメリカの東海岸まで届くので、とうとう最終局面まで来た」というようなことが言われていました。

金正恩氏も、今、三十三歳です（説法時点）。私は彼に「早く諦《あきら》めて〝開城〟せよ」と勧《すす》めているのですが、彼は負けん気が強く、なかなか聞き入れないようで、挑発《ちょうはつ》を続けています。

北朝鮮は、「次に、最大級の核《かく》実験を行う」とも言っていたようなので、「いよいよ始まるのかな」と思っています。

要するに、彼は自分を客観視できないのだろうと思います。

北朝鮮の人口は二千数百万人とはいえ、彼を「一国の指導者だ」と思い、周りが盛り立てて、「イエス・サー」という感じで従っていますし、彼に反対する者

『緊急守護霊インタビュー　金正恩 vs. ドナルド・トランプ』（幸福の科学出版刊）

は粛清《しゅくせい》され、クビになったりするので、反対できないところがあるのでしょう。
しかし、「自分が国や世界のなかで置かれている位置を見る客観的な目が、金正恩氏には欲《ほ》しい」と感じます。

北朝鮮から見れば、海の彼方《かなた》からやってきて、空母艦隊《かんたい》を走らせたりするアメリカは、もちろん悪いわけで、「憎《にく》きアメリカ」としか思っていないだろうと思いますし、自分たちの防衛のために核開発等をやっているのだと思うのですが、そのように防衛しなくてはいけなくなった理由は、北朝鮮側にあったでしょう。

先ごろ、●トランプ大統領もアジアを訪問し、北朝鮮の周りの国々と、アジアの平和のためにいろいろな会議を行《おこな》って、「どうにかしなくてはいけない」と話し合っていました。

ところが、北朝鮮のほうは、徹底的《てってい》に反抗《はんこう》し、それに立ち向かおうとしている状況《じょうきょう》です。

●**トランプ大統領もアジアを訪問し……**　アメリカのトランプ大統領は、2017年11月にアジア歴訪を行《おこな》った。日本と韓国《かんこく》、中国で首脳会談を行ったあと、ベトナムでアジア太平洋経済協力会議（APEC《エイペック》）の首脳会議に、さらにフィリピンでは東南アジア諸国連合（ASEAN《アセアン》）の首脳会議に出席した。

政治家でも軍人でもそうですが、一般《いっぱん》に、「敵を減らして、味方を増やす」ということが大事です。そうすると、勝てる可能性は高まっていくのですが、「味方を減らして、敵を増やす」という戦い方をしたら、政治家であろうと軍人であろうと、あまりよい結果を招かないと思います。

ですから、そこまで行く前に、一生懸命《いっしょうけんめい》に外交をするのです。それによって、できるだけ敵を減らし、味方を増やすわけです。

自分を客観視できないと孤立《こりつ》することもある

いずれにせよ、金正恩氏が憎んでいる相手方のほうは連携《れんけい》をし、一生懸命に話し合いをして、「どうにかしよう」と相談し合えるのに、自分のほうは国から一歩も出られず、一人だけ世界から孤立《こりつ》している状態にあります。それにもかかわらず、あくまでも「自分のほうが正義だ」と言い張るのには、そうとうの無理があるでしょう。要するに、「自己客観視が足りない」ということです。

金正恩氏は、「国内で自分を超《こ》える人材はいない」と思っているのかもしれませんが、諸外国から見れば、国を任せるには危《あや》うい人材であるわけです。経済制裁だけではまだ分からず、自国が本当に滅《ほろ》びるところまで見なければ分からないのであれば、「次の段階」を考えなければいけない局面に来ているだろうと思います。

やはり、組織を率いる者、あるいは政治家や軍人等もそうですが、リーダーというのは、基本的に、大勢の人の命を失わせるような問題に関しては、「負けない戦い」も考えなければなりません。勝つことを狙《ねら》いたいところではあるでしょうけれども、まずは「負けない戦い」をしなければならないのです。

そういう意味で、今の日本が置かれた立場を見れば、日米同盟を外してはならないことは明らかでしょう。

もちろん、日本独自の考えもありますし、左翼《さよく》系の人にはアメリカが嫌《きら》いな人も多いだろうと思います。「トランプ大統領の行動がいかがわしい」とか、「何を考えているか分からない」とか、「突然《とつぜん》行動し出す」などと、いろいろなことを言う人もいます。

例えば、昨日、北朝鮮からミサイルが発射されたとき（午前三時ごろ）、その六時間ぐらい前には、ＮＨＫの特集番組のなかで、「トランプ大統領という人は、何をしでかすか分からない人だ」というような感じの取り上げ方をしていたのですが、もう一歩踏《ふ》み外すと、ＮＨＫは大恥《おおはじ》をかく寸前まで行っていたと思います。

やはり、今の日本の立場を見れば、日米同盟を外せば国を護《まも》れないことは明らかです。そう考えると、今は何が何でも日米関係を強固にしなければならず、この点については絶対に譲《ゆず》れないでしょう。憲法にどう書いてあろうと、他の国がどう言おうと、ここは譲ってはならない部分だと言えます。

要するに、国民をあっさりと敗戦に引き込《こ》むような選択《せんたく》をしてはならないということです。これも、昔、私が悟《さと》ったことではあります。

世界最強の国と同盟を結ぶことは、日本にとって悪いことではありません。昔は英国が最強だった時代もありますが、日英同盟を結んでいた間は、日本は戦いに勝ち続けていました。ところが、日英同盟がなくなったあとは悲惨《ひさん》な目に遭《あ》っています。

したがって、「世界最強国と同盟を結んでいる」ということはとても大事なことなのです。国民の生命・安全・財産等を考えると、この優先度は高いと言えるでしょう。

共同生活に迷惑《めいわく》はつきもの

もちろん、感情としてはいろいろとあるかもしれません。「自分の家の近くに米軍基地があって、そこからオスプレイが飛んだり降りたりしているので、うるさい！」とか、「夜に眠《ねむ》れないじゃないか！」とか、「基地を攻撃《こうげき》されたら、どうするんだ！」といったことを言う人もいるでしょう。確かに、そういう基地があるところは騒音《そうおん》等も激しいとは思います。

ちなみに、最近、教祖殿《きょうそでん》のそばに小中学校ができ、子供たちの騒ぎ声が入ってくるようになりました。とはいえ、しっかりした窓をつくってもらったので、窓を閉《し》めれば、音はほとんど聞こえません。まことにありがたいことです。

ただ、その学校との間にあった最高裁の宿舎は、無事ではなかったようです。おそらく、事務官か何かのものではないかと思われる十軒《けん》ぐらいの宿舎があったのですが、隣《となり》に大きな小中一貫《いっかん》校が建ったからか、とうとう〝逃《に》げ出して〟しまいました。

要するに、宿舎の学校側に面した窓はまったく開けられなくなったのです。また、学校側に布団《ふとん》を干《ほ》すこともできなくなりました。高い建物を隣に建てられて、見下ろされる状況になり、屋上からも家のなかを覗《のぞ》かれるようになったわけです。

最高裁の人たちが〝逃げ出した〟というのは、なかなか重大な事態でしょう。区にお金があるので立派な学校を建て直して、丘《おか》の奥《おく》のほうにあった建物が、宿舎のギリギリまでダーンと高くせり出してきたわけですが、隣の宿舎では布団が干せなくなり、家のなかまで覗かれるようになったのです。そういうこともあってか、住人はみな〝逃げ出して〟、今はいなくなっています。

このように、共同生活をしていると、いろいろなところで迷惑《めいわく》はあるものだなと思います。騒音等では、最高裁の人たちでも〝追い出される〟こともあるわけなので、そういうことは知っておいたほうがよいでしょう（笑）。うるさいのには勝てないし、覗かれるのも嫌《いや》だということです。やはり、窓が開けられないというのも、外から覗かれるというのも大変なことだと思います。

いずれにしても、「思わず知らず、嫌がられること」はたくさんあるものです。

SOLUTION

人に嫌《きら》われないための処方箋《しょほうせん》

☑ ①その発言や行動に「社会的正義」はあるか

さて、「人に嫌《きら》われる法則」について述べているわけですが、これを言うと、きりがないところはあります。

とりあえず、私が最初に押《お》さえておきたいと考えるのは、「自分で自由になるものは自分の心であると思い、まずそれを修行《しゅぎょう》せよ」ということです。

それから、「他人《ひと》の心というものは、百パーセントは自由にできない」ので、自分の思い方や考え方を変えることによって、我慢《がまん》できるものは我慢しなければなりません。

しかしながら、それでも我慢が無理なものについては、「社会的に一定の正義がある」、あるいは「理がある」、「常識的に理屈《りくつ》が通っている」と思うことであれば、何らかの発言や行動をするのも構わないでしょう。

ただ、その際には、「自分自身の分限《ぶんげん》」というものをよく知っておかなければいけないと思います。自分自身の分限を知らずに、それを超《こ》えてまでやってしまうと、今度は文句《もんく》を言った人のほうがクレーマーと見られるようになって、問題になることもあるかもしれません。これを客観視することは、とても難しくはありますが、そういうことが言えるのではないでしょうか。

こういうところから派生する問題はたくさんあります。その意味では、心のコントロールで防げるものは多くあると思うのです。

例えば、他人の悪口を無差別攻撃《こうげき》のように言いまくる人というのは、一般《いっぱん》的には嫌われます。したがって、そういう人は、もう少し自分の心のコントロールをしたほうがよいということです。

また、「他人から悪口を言われたときにどうするか」という問題もありますが、これも自分の心をコントロールすることによって、水の上に字を書くように聞くことができるようになります。つまり、流れていく小川に字を書くように、過ぎ去っていくものとして聞くわけです。

もちろん、どうしてもロジカルに言わなければならないことがあるならば、自分の分限の範囲《はんい》内で、社会正義に適《かな》うことは言ってもよいと思いますが、その際には、あまり醜《みにく》い争いにならないように気をつけてください。

② 自慢話《じまんばなし》ばかりしていないか点検する

それから、自分の心が起こすものとしては、自慢話《じまんばなし》もあります。

他人はだいたい、自慢話を嫌うものです。自分としては聞いてほしいものですが、他人にとっては、聞きたくないものの一つでしょう。ですから、周りの人があまりにも引いていく場合は、自慢話ばかりしていないかどうかを点検したほうがよいと思います。

みな、一回や二回は聞いてくれるかもしれませんが、三回以上になってくると、だいたい、もう聞くのが嫌《いや》になります。「ああ、あの話が来るな」と思ったら、話の腰《こし》を折ったり、「ちょっと用がある」などと言って避《さ》けたりし始めます。

人が遠ざかっていくようになると、本人も、「何だか自分は嫌われているような気がする。世間《せけん》はおかしい」と思い始めるわけですが、やはりそれは、一般的な法則として、「嫌なものは嫌」なのです。

そのように、ある程度は聞いてくれる人もいるかもしれませんが、聞きたくない人もいるのだということは知らなければいけません。手柄話《てがらばなし》についても、同じようなことは言えるでしょう。

それから、自慢話から派生する鼻持ちならないものとしては、「自慢の事柄」というものもあるでしょう。

例えば、家柄、地位、お金や学歴など、その項目《こうもく》はさまざまに、数多くのものがあると思います。女性同士が何人か集まって立ち話をしているときなどは、そうした〝変化球〟も投げながら、お互《たが》いを探《さぐ》り合っているようなことは、とても多いのではないでしょうか。

いずれにしても、自分の心がややいびつなかたちで現れて、周りに不快感を与《あた》えているようであれば、少々気をつけたほうがよいでしょう。

☑ ③「若さの驕《おご》り」「健康の驕り」をチェックする

それから、人は年齢《ねんれい》相応に悟《さと》るものもあります。若いころには、ついつい極端《きょくたん》なことを言いすぎることもあるでしょうが、そういった「若さの驕《おご》り」に関しては、やはり、一定の歯止めとなるところや反省する心を持つことが大事です。もちろん、難しいことではあると思います。

また、自分自身が健康であるがゆえに、「健康の驕り」を持つ場合もあるかもしれません。健康な人は体の弱い方の気持ちが分からないこともあるので、「健康の驕り」を持ちすぎていると思われる場合には、心に余裕《よゆう》を持ち、相手を思いやる気持ちを持つことも大事なのではないでしょうか。

やはり、もう少し、お互いに信頼《しんらい》し合い、心を開ける関係になりたいものです。

そのように、驕りに関係するものも数多くあります。

☑ ④傷つきやすい人への発想転換《てんかん》のすすめ

さらに、自分自身の心に関係するものとして、「異常に過敏《かびん》である」といったところも問題であることは確かです。

私自身、振《ふ》り返ってみると、若いころにはそういう面もあったと思いますが、あたかも壊《こわ》れる前のシャボン玉のごとく、プーッと息を吹《ふ》き込《こ》んで丸くなったら、すぐ破裂《はれつ》するのは確実でしょう。ちょっと一風《ひとかぜ》吹けば破裂するシャボン玉のように見えていたかもしれません。

そういう人は、他の人からのいろいろなことによって、自分がとても傷つくように感じやすいわけですが、「他人もまた同じように傷つくのだ」ということには、なかなか気がつかない場合も多いのです。

もし、自分が傷ついたり苦しんだりすることばかりを一日中考えているのであれば、「他の人も、やはり、そのように感じることはある」ということを、今一度、思い直したほうがよいと思います。

⑤「嫌《きら》われる勇気」も間違《まちが》えやすいので要注意

そういった意味で、宗教的人格としては、まずは「心のコントロールによって成功を目指す」という方向もある一方で、「人に嫌《きら》われない生き方をする」というように、マイナスをつくらないことも大事です。そのように、「攻《せ》め」もあれば「守り」もあるでしょう。

アドラーの『嫌われる勇気』のような本が流行《はや》り、そこから派生したドラマ作品も放送されたことがありましたが、こういったものも、気をつけないと間違《まちが》いを呼びやすいところがあります。ドラマでは、主役の女優が、「こんなことをしたら嫌われるだろうな」と思われるようなことばかりしていたのですが、実際にああいうものをまねしたら、会社ではたちまち干《ほ》し上げられる状

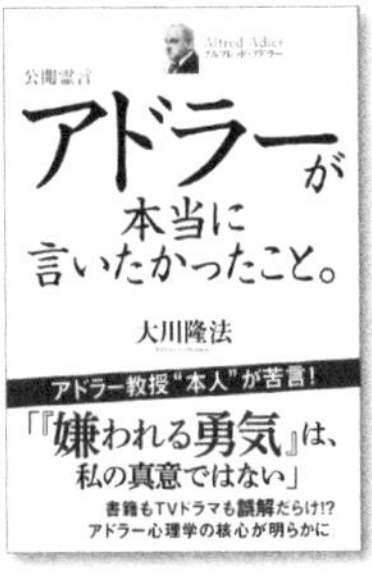

アドラー教授"本人"が苦言！

私の真意ではない」

アドラー心理学の核心が明らかに

『公開霊言 アドラーが本当に言いたかったこと。』（幸福の科学出版刊）

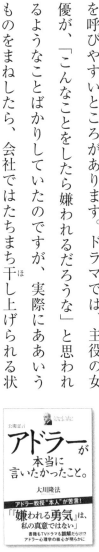

態になるでしょう。

必ずしも、変わっていることがいいというわけではありません。やはり、ある程度、お互いに理解でき、共感できる関係がよいことは確かであり、そこに「個性」として、〝プラスアルファ〟を付け加えることはあってもよいとは思います。

自己実現や出世等について考えすぎると、どうしても、人の気持ちはさておいて、自分のことばかりを考えるようになりがちです。どうか、この原点のところは忘れないでください。

SUMMARY
処方箋まとめ

- □「自分の心は百パーセント支配できるが、他人《ひと》の心は自由にできない」と心得《こころえ》る。
- □自分の分限《ぶんげん》の範囲《はんい》内で、社会的正義に適《かな》った言動を取る。
- □自慢話《じまんばなし》や手柄話《てがらばなし》をして、周りに不快感を与《あた》えないようにする。
- □「若さの驕《おご》り」「健康の驕り」を反省し、相手を思いやるだけの心の余裕《よゆう》を持つ。
- □自分が傷ついたことばかり考えず、「他人も同じように傷つくことがあるのだ」と思い直す。
- □『嫌《きら》われる勇気』の内容は間違《まちが》いを起こしやすい。人の気持ちはさておいて、自己実現ばかり考えすぎないこと。

第2章

Q&A

人に嫌《きら》われる意外な原因と対処法

二〇一七年十一月三十日
東京都・幸福の科学総合本部にて

Q1　霊的《れいてき》に敏感《びんかん》で主観的な人が気をつけることは？

Ａ　先ほどもお説きいただいた「自己の客観視」（第1章参照）について伺《うかが》いたいと思います。

幸福の科学にも、霊的《れいてき》に敏感《びんかん》な方が数多く出てきていると思いますが、特に、こういった人は、他人《ひと》の感情や想念など、いろいろなものを感じやすく、主観的になりやすい傾向《けいこう》もあるかと思います。また、「さまざまなものを感じるがゆえに、それを表現してしまう」といったこともあると思います。

そうしたときに、自己を客観視し、周りと協調していくためのポイントがありましたら、ご教示を賜《たまわ》れれば幸いです。

「空《から》の袋《ふくろ》は立たず」という自戒《じかい》の言葉の意味

大川隆法　これに関しては、私自身についても振《ふ》り返って考えなければならないところかと思います。

私の場合、一つのヒントとしてあったのは、ベンジャミン・フランクリンの「空《から》の袋《ふくろ》は立たず」という言葉でした。頭陀袋《ずだぶくろ》を立てようとしても、空っぽであれば、すぐにクシャッとなって倒《たお》れてしまいます。やはり、中身をキチッと詰《つ》めればこそ、袋は立つのです。

それは霊的な体質の人にもあると思うのですが、中身が薄《うす》くても、ある時期、ピュアであることができたために霊道《れいどう》が開くこともあるかもしれません。

そうした場合、いろいろなものから霊的にちょっかいを出されたり、他人のさまざまな想念を受けたりするようになってくると、「自分の考えでやっているのか、ほかの人の考えでやっているのか分からない」、「憑《つ》いているものにそそのかされているのか、生霊《いきりょう》が来てやっているのか分からない」、あるいは、「天使なのか、悪魔《あくま》なのかも分からない」といったことが、たくさん起きてくるのです。

このように、インスピレーション的に仕事をしていると、どこからのインスピレーションかが分からなくなり、判断がつかなくなります。

また、（憑依《ひょうい》霊の）滞在《たいざい》時間が長くなってくると、憑いているものと自分の人格とが一体化してくるので、とても危険なのです。

こうした意味で、霊的に敏感になった人、特に霊能者系あるいは霊媒《れいばい》体質になってきた人は、もう覚悟《かくご》を決めて、修行《しゅぎょう》しないと駄目《だめ》でしょう。

その第一歩としては、先ほど述べたように、「空の袋は立たないので、人間としての内容、中身を詰めること」が大事になります。

やはり、霊的なささやきやインスピレーションを受けなくとも、一個の人間として勉強したこと、経験したことに基《もと》づいて、「これは正しい」「これは間違《まちが》っている」という判断がつくようにしなければいけません。

あるいは、「自分よりも見識の高い人に近づこう」と頑張《がんば》って努力していると、「そうした人なら、こういうふうに考えるはずだ」ということが分かるようになっていくでしょう。また、そうなるための勉強や仕事、あるいは、修行があるだろうと思います。

そのように、「中身が詰まるまでは、袋は立たないぞ」と思って、まずは中身をしっかりとつくっていってください。これは、この世的な努力の部分です。

霊能者《れいのうしゃ》や教祖が途中《とちゅう》から〝入れ替《か》わる〟理由

こういう努力をしないで、インスピレーションだけに頼《たよ》ってやっていると、それが「いい調子で降りているときはよい」のですが、そのうち、指導する霊《れい》がだんだんと〝入れ替《か》わって〟くるのです。ほとんどの新宗教の霊能者はそうだろうと思いますし、教祖自身もその可能性は高いと思います。

もちろん、必ずしも最初から〝悪いもの〟が来ているとは限りませんが、インスピレーション中心にやっていると、だんだんに入れ替わってくるものです。

ここ百数十年の新宗教の歴史を見てみると、だいたい、教祖は学問がなくて、「農家のおばさんのような人が突如《とつじょ》、神がかって、新しい宗教を開く」といったことがほとんどだと思います。要するに、中身が空っぽの状態なので、いろいろなものが入りやすいのでしょう。

また、そうした人に霊示《れいじ》が降りると、本人も知らないことをベラベラと話したりします。それで、周りが驚《おどろ》き、「これは神様が降りたに違いない」と思って、その教えを学ぼうとするわけです。

ただ、こうして降ろされた神様の教えにも、ときどき〝変なこと〟がたくさん混ざったりします。教祖本人に知識的防衛力がないために、変なことや、意味が分からないことをしゃべったりするわけです。

霊的なものを受けると肉体はどうなるか

さらに、霊現象を長い時間やっていると、霊示の内容が入れ替わってきたり、〝別のもの〟が入ってきたりすることも、当然ありえます。

今は『大川隆法霊言《れいげん》全集』（宗教法人幸福の科学刊）になっている初期の霊言の収録は、徳島県・川島町《かわしまちょう》の実家を中心としつつ、父親が東京や名古屋《なごや》などに出張してきたときに、携帯《けいたい》用の小さな録音機を持ってきて、ホテルなどで行《おこな》ったりもしていたのです。

初期の霊言は現在、『大川隆法霊言全集』（宗教法人幸福の科学刊）として全50巻、別巻５巻にまとめられている。
※幸福の科学の支部・精舎《しょうじゃ》にて拝受可能。

その初期のころの霊言だと、私でも二時間ぐらいが限度でした。

というのも、二時間を超《こ》えると、霊言をしていることを悪魔などに察知されてしまうからです。

例えば、「〇〇の霊言」としてやっていると、二時間ぐらいで、悪魔などが霊言を録《と》っていることを察知し、邪魔《じゃま》をしようとして寄ってき始めるというのが分かってきました。時間的にはそれくらいでしょう。

また、以前、テレビで観《み》たのですが、女性の霊能者で、小さなところの教祖と思われる人が、霊がかかってくると七転八倒《しちてんばっとう》し、転げ回るような感じの暴《あば》れ方をしながらやっていました。時間が一定を超えると、死ぬほどに苦しみ、もがいて、脂汗《あぶらあせ》をかいていたのです。

要するに、体に霊的なものを受けるというのは、それが悪霊《あくれい》ではなかったとしても、そうとう大変なことであるので、肉体の限界があって苦しいのではないかと思います。

「悪霊《あくれい》現象」と「霊肉《れいにく》の制御《せいぎょ》不足」の二つのケース

例えば、イスラム教などでも、メッカ郊外《こうがい》のヒラーの洞窟《どうくつ》で瞑想《めいそう》を続けていたムハンマドが霊言《れいげん》を降ろすようになる前に、通信天使のガブリエル（ジブリール）が現れましたが、そのときに、首を絞《し》められるような感じがしたとされています。

プロレスで言うチョーク攻撃《こうげき》のようで、私から見ると、「大丈夫《だいじょうぶ》かな？」と少し心配になるところではありますが、首を絞められたようになったムハンマドは、「誦《よ》め！　誦め！」と言われたのです。「誦め」とは、「暗誦《あんしょう》せよ」という意味です。

また、そのとき、冷《ひ》や汗、脂汗が出て、全身に悪寒《おかん》がするような感じがしたとも言われていますが、私の経験から言うと、こうした場合の多くは、悪霊《あくれい》、悪魔がかかってきたときのパターンではあります。

ともあれ、ムハンマドは自宅に帰って、「誦め！　誦め！」と言われて出てきた言葉について奥《おく》さんに話すと、奥さんがその言葉を書き取ってくれました。そして、奥さんが理解者となって『コーラン』ができていきます。

ムハンマド自身は最初、「これは砂漠《さばく》の悪魔、悪霊であるジンではないか」と思ったようです。

「アラジンと魔法のランプ」などには、望みを叶《かな》えてくれる、大きなランプの精として、ジンが出てきます。砂漠には、そういうものがいるとされていたので、ムハンマドは最初、「ジンに憑依されて、こうなっているのではないか」と恐《おそ》れましたが、奥さんのほうが「信じる」と言って最初の信者になってくれて、だんだん『コーラン』ができてきたわけです。

もっとも、こうした場合は、一般《いっぱん》的には悪魔や悪霊《あくりょう》の可能性が高いとは思います。ただ、いろいろなケースを見てみると、「肉体に霊現象がかかってきて、肉体のほうがキャパオーバーした場合、苦しむケースは多少あるようだ」ということが分かってきました。

私には、そういう経験はないのですが、かかってきたものの力が自分の力を超えていると、肉体意識や自分の頭脳の意識がかなり失われて、体が自由にならず、相手に支配されてしまうといった感じになることもあります。体がガチガチになったり、震《ふる》えたり、あるいは、急に頭をガンガンと打ちつけたり、体を揺《ゆ》すったりと、勝手に動き始めて、自分で統制できなくなるのです。

こうしたときは、一般には悪いものが来ていることも多いのですが、まれに、肉体のほうが、まだ霊的なコントロールが十分できないために、それを制御《せいぎょ》できなくて、少し変わった行動に見えるようなことをする場合もあるのです。それが調整できるようになってくると、そういうことは起きなくなるでしょう。

また、地獄《じごく》霊の場合には、次のようなこともありました。

私の実家で霊言を録ったときのことです。狭《せま》いけれども声が外に漏《も》れにくいということで、二階の真ん中の部屋で地獄の悪魔と話をしていると、部屋の寒暖計が二度ぐらい下がったのを覚えています。そのため、「やはり、寒気《さむけ》がするというのは事実なのだな」と思いました。寒冷地獄に堕《お》ちている人を呼んで話をしたら、本当に気温が下がったのです。現実にそういうこともあるので、やはり、用心しなくてはいけません。

そういう意味で、「霊調《れいちょう》を調《ととの》える訓練」をするとともに、「時間的な限度」もあることを知るべきでしょう。

一人で霊現象をやりすぎるのは危険

普通《ふつう》は、霊現象を行う際には、霊的に先輩《せんぱい》の方というか、メンター、ないしはマスターがついていないと危ないのです。

マスターがついてコントロールするか、あるいは、マスターとまで言うか分かりませんが、審神者《さにわ》として優秀《ゆうしゅう》な人が、何の霊が来ているかを見抜《みぬ》く必要があります。

というのも、霊もけっこう嘘《うそ》をつくからです。そのなかには、方便《ほうべん》として言う場合も、まったくの嘘をつく場合もあるので、審神者がそれを判定するわけです。

例えば、狐《きつね》の霊などがかかってきていて、「○○の神じゃ」などと言うのはよくあることではありますが、知性が十分でないと、そのまま受け取ってしまうこともあるので、それを見ていて、「ちょっと、これはおかしい」などと判断をする審神者が必要になるわけです。

出口王仁三郎《でぐちおにさぶろう》は、口述によって、『霊界物語《れいかいものがたり》』という八十巻以上の長大な物語をつくりましたが、その口述筆記をした人のなかには、後《のち》に生長《せいちょう》の家《いえ》をつくった谷口雅春《たにぐちまさはる》もいました。また、出口王仁三郎の弟《で》子《し》で、浅野和三郎《あさのわさぶろう》という知的な部分のあった人も、審神者の能力があった方です。

　彼の妻である多慶子《たけこ》夫人に霊がかかってきて話をし始めたときにも、審神者を務めています。亡《な》くなった息子《むすこ》である新樹《しんじゅ》の霊言（『新樹の通信』、浅野和三郎著）、あるいは、多慶子夫人の守護霊《しゅごれい》とされる小桜姫《こざくらひめ》の霊言（『小桜姫物語』、浅野和三郎著）も出ていますが、これらは、浅野和三郎が審神者をしながら編集したものです。

　彼は、東大を出て、海軍の機関学校で英語を教えていた方であり、当時としてはかなりのインテリでした。そうしたこともあって、彼を慕《した》って、インテリ階級の方や皇族の方まで集《つど》ってきていたという話もあります。

浅野和三郎（1874 ～ 1937）　作家、英米文学・心霊主義研究者。日本の心霊主義運動の父。「心霊科学研究会」を創設し、スピリチュアリズムの啓蒙活動を行った。

このように、何らかの霊現象が起きた人がいた場合には、ある程度、社会的にも知識的にもしっかりしていて、倫理《りんり》的なものについてキチッと判断できる人で、言葉の応酬《おうしゅう》のなかから、「霊的に、これはおかしい」とか、「動物霊が憑いている」、「邪霊《じゃれい》が憑いている」、「高級霊が来ている」といったことを見破る審神者が必要になります。そうでなければ、やはり、マスターがそれを判定したりして、転落から護《まも》るために防御しなければいけないでしょう。

要するに、「霊現象も、あまり一人でやりすぎると危険なところはある」ということです。

「霊能者」と「マスター」と「審神者《さにわ》」とを兼《か》ねている私

私の場合は、自分自身で「霊能者」と「マスター」と「審神者《さにわ》」とを兼《か》ねているところもあるので、珍《めずら》しいケースではあります。

そのため、私も「空の袋は立たず」で、いろいろな宗教についても、表側の学問についても勉強をきちんとして、一定の見識は持っています。

そちらから考えてみても、霊が言ってくることの内容が、どの程度の精度なのか、正しいかどうかという判定が、自分の頭でつくのです。そのようにして、「危ないものについてはやめる」といったこともあります。

また、私はキャパシティーがかなり大きいので、どんな霊がかかってきても、私を完全には支配できないようなのです。「とても大きな容《い》れ物のなかに入った」という感じにしかならないからでしょう。

ですから、私が行った霊現象を映像等で観ると、霊人《れいじん》などを呼べばスッと来ますし、「帰ってください」と言ってポンポンと手を叩《たた》けば、スッと出ていきます。

これはたやすくやっているように見えるかもしれませんが、普通はそんなに簡単ではないのです。取り憑かれると、帰ってくれずに粘《ねば》られて、毎日来られたりすることもあります。

やはり、こうしたあたりまで行くには、そうとうな修行が必要なのです。そのためには、先ほど述べたとおり、まず空っぽの袋を、中身を詰めて立つようにしなければいけません。

それと同時に、心の統御をして、悪霊波動《はどう》、地獄波動ではなく、天国の波動に通じるように、〝心のスイッチ〟を切り替えていくことです。

ですから、自分が呼び出した霊がきちんと来るようになるまでには、そうとうの修行が必要になります。さらに、呼んだ者が確実に来て、来ている者が何者であるかを判定できるようになるには、そうとう修行しないと無理なのです。向こうの見識のほうが上だった場合は分からなくなるので、霊的な洞察力もかなり必要になるでしょう。

宗教の教祖といっても、普通は、「かかってきている神様が分からない」ということのほうが多いものですが、それは、神様のほうも、特別な名前を名乗ったりするからです。例えば、「○○大明神《だいみょうじん》」、「○○の親神《おやがみ》」、「艮《うしとら》の金神《こんじん》」など、匿《とく》名《めい》で、何者か分からないような名前を名乗ることが多いのです。

このあたりは、修行を積まないと、どうにもならないところなので、腹を決めて修行しなければいけません。気をつけないと、廃人《はいじん》になってしまったり、精神病院に行くことになったり、踏切《ふみきり》に飛び込《こ》んだり、犯罪を犯《おか》して刑務所《けいむしょ》に入ったり、あるいは、次々と悪い現象に襲《おそ》われたりすることもあるので、腹を決めなければ駄目なのです。

☑ 対処法①——「信仰心《しんこうしん》」と「僧団《サンガ》への信頼《しんらい》」が自分を護《まも》る

そこで、自分を護《まも》るものは何かと言うと、いちばんは、やはり、「信仰心《しんこうしん》があること」です。

信仰心を持つことによって神仏までつながりますし、もちろん、その宗教を支えているさまざまな指導霊たちや僧団《サンガ》の仲間たちが護ってくれるようにもなるので、この信仰心によって護られているところはあります。

そういう意味では、信仰心にはセーフティーネットのようなところがあり、網《あみ》の目のようにいろいろなところとつながって護ってくれるわけです。信仰心を捨ててしまい、自分一人の戦いになってしまったら、自分自身を護れなくなることがあるので、これは大事なところでしょう。

また、この信仰心が大事であると同時に、やはり、「僧団への信頼《しんらい》」も必要です。

長年修行した人たちが存在する僧団のなかにあっては、十年、二十年、三十年と修行した人もいるでしょう。そういう人たちは、いろいろな経験をたくさん積んでいますし、教学もしているので、彼らのアドバイスをきちんとよく聞くようにしなければいけません。自分流でするとと、間違いを犯すことがあるからです。

そういう意味で、「信仰心」と、「宗教団体としての僧団に帰依《きえ》し、経験を積んだ人たちの意見等を聞く、あるいは、それに従う」というのは大事なことです。そうした謙虚《けんきょ》さがないと、自分を護れないこともあります。

そして、そうする間にも、経験を積み、知識も増やして中身を詰め、しっかりと立てるようになっていかなければなりません。

☑ 対処法②——「規則正しい生活」と「コツコツとした仕事」

中途半端《ちゅうとはんぱ》に霊道が開けて、いろいろとできるようになったあたりが、また、大きなものに狙《ねら》われやすいときではあります。幸福の科学においても、そのあたりで悪魔にズバッと入られてしまい、当会から離《はな》れて邪教をつくったりするような人も、わりと出てくるので、ここはなかなか難しいところではあるでしょう。

霊的なものは、非常に役に立つこともあるし、斬新《ざんしん》なことも多いのですが、日常生活すべてにかかってくると危険なので、気をつけなければなりません。

私は、「できるだけ規則正しい生活を送ること」と、「コツコツと、努力したり仕事をしたりしていくような、〝まめな性格〟をつくること」を勧《すす》めています。

やはり、インスピレーション体質で、締《し》め切りに追われて一気にやってしまうような感じの仕事ばかりしている場合、そのときの霊調が悪ければ、インスピレーションも悪くなるので、間違った仕事をしてしまうことがあるからです。

そうならないように、コンスタントに勉強をし、仕事もし、余裕《よゆう》をもって片付けていくような努力をしたほうがよいでしょう。

渡部昇一《わたなべしょういち》先生も、「大全集を出したような作家というのは、みな、仕事の仕方が機械的だ。毎日毎日、機械的に仕事を進めていく人以外で、全集を遺《のこ》すような仕事ができた人は、ほとんどいない」と言っています。インスピレーションが湧《わ》いてくるのを待ち、そのときにだけ書くような人は、たいてい寡作《かさく》で、生活難に陥《おちい》り、貧乏《びんぼう》をして、家族にも当たり散らしたり、生活が乱れたりすることのほうが多いということのようです。

これは、そのとおりだと思います。やはり、自分の生活を正し、コツコツと進めていくような仕事の仕方を覚えたほうがよいでしょう。

例えば、スティーヴン・キングというホラー作家がいますが、ああいうホラーものばかり書いていたら、普通は頭がおかしくなって、発狂《はっきょう》しそうになると思うのです。

ところが、スティーヴン・キングの仕事の仕方を見ると、やはり、朝食を食べたら、朝八時ぐらいから原稿《げんこう》を書き始めて、十二時ぐらいまで仕事をするようです。その四時間ぐらいの間に、原稿用紙十枚ほどの量を、毎日、きっちりと書くようにしているらしいのです。

毎日、朝八時から十二時までということは、要するに、太陽が上がっている時間帯ということになります。この理性が麻痺《まひ》していない時間帯に、十枚の原稿をタイプで打つということを習慣でしているため、あのようなホラー小説を書いていても、頭がおかしくならずに済んでいるのでしょう。

夜中に酒を飲みながら、「インスピレーションが湧いてきたんだ！　いいホラーを思いついたぞ」などと言って書くようなことをしていると、本当は何が出てきているのかも分からなくなり、人格破壊《はかい》されて、生活が狂《くる》ってしまう可能性もあると思います。

そのため、スティーヴン・キングのような人でも、毎朝、午前中の四時間しか仕事をしないという感じでいるのでしょう。そういうことで、自分を護っているところはあるということです。

こういう生活の仕方、仕事の仕方も、少しは学んでほしいと思います。

Q2 どの組織でも嫌《きら》われる〝天狗《てんぐ》〟にならない方法

B　私からは、「嫌《きら》われる人への対処法」についてお訊《き》きできればと思います。
歴史的には、坂本龍馬《さかもとりょうま》のお言葉等でも、「世の人に何と言われても、自分がやることは自分が知っている（世の人は我《われ》を何とも言わば言え　我《わ》が成す事は我《われ》のみぞ知る）」というものがあります。そのように、信念を貫《つらぬ》いて人を魅了《みりょう》する人もいる反面、現代の組織においては、自分の正義、自分なりの信念を貫いていくものの、どうしても周りから嫌われてしまうような人もいます。

ただ、組織としては、そういう人も生かしていきたい、生かさなければならないとも思うので、そういう人への対処法や、生かし方について、ご教授を頂ければ幸いです。

自分が賢《かしこ》いと思って、協調性のない人は嫌《きら》われる

大川隆法　例えば、「愚《おろ》かであるので、みなに嫌《きら》われている」というような人もいるとは思います。「あまりにもバカなので嫌われる」という人もいるけれども、その逆もあり、「『自分は賢《かしこ》い』と思っていて、なかなか人の言うことをきかないので嫌われる」という人もいるわけです。

ただ、このへんは誤解も生じやすいので、とても難しいところではあります。「自分には才能がある」と思っている人や、あるいは、高学歴の人などには、「自分はできる」と思ってしまう傾向《けいこう》があるので、「ほかの人の意見は聞かない」というような人が多くいます。

例えば、幸福の科学の国際本部で言えば、〝語学天狗《てんぐ》〟のような人はたくさん

いるのではないでしょうか。英語あたりになると、ややマーケットが広く、できる人が多数いるので、「自分だけがダントツにできる」というように自慢《じまん》するのはとても難しく、そう簡単にはいかないとは思います。同程度の学力の人はわりといるので、独走態勢に入るのは難しいですが、特殊《とくしゅ》言語になると、簡単に天狗になれるところはあるでしょう。

ただ、はっきり言って、国際本部が前身の国際局だった時代から見ていても、やはり、〝天狗〟は多かったように思います。「自分たちは英語ができるから、ほかの職員とはだいぶ違《ちが》うのだ」という感じの人は多くいました。職人肌《はだ》と言えば職人肌なのですが、そういう意味では、協調性がない人は多かったわけです。

しかし、そういう人でも、一定の方向に向けては、すごい強みを持ってはいるので、やはり、必要ではあるし、使わなければなりません。ですから、「一般《いっぱん》レベルに換算《かんさん》したら、どの程度の判定にしたらよいのか」ということを見て、なるべく公平に判定をしなければならないでしょう。

ただし、「英語ができる」というようなことで天狗になっている人の場合、今度は、英語ができない人に対して、すごく裁きの目でもって見てしまうわけです。すべて英語を中心にして人間を判別するような人もいて、英語ができないと、「頭が半分しかない」とか、「四分の一しかない」とか、「十分の一しかない」などというように見えてしまうこともあるのです。

英語以外で言えば、学歴で判別する人もいます。

〝顔面偏差値《へんさち》〟だけではなく、「その先」がある芸能界

あるいは、芸能系などでは、やはり、「〝顔面偏差値《へんさち》〟が幾《いく》らあるか」ということで判別する人もいます。

芸能界には、綺麗《きれい》な人、美男美女が多いので、第一選考で、そこで足切りをさ

れてしまうのにはしかたがない面もあるのかなとは思います。しかし、それで全員が最後まで通るわけではありません。

　確かに、公共の電波や映像で、あまり見苦しいものはお見せできないという配《はい》慮《りょ》もあるので、一定のレベルに行っていない場合は、自粛《じしゅく》してもらわなければならないような人もいるかもしれません。

　もちろん、そういう人でも、「性格俳優」といって、面白《おもしろ》い役柄《やくがら》を得意とする人もいるので、その場合には、それなりに見れますし、むしろ出てもらったほうがよいというようなこともあるでしょう。

　そういう例外もありますが、基本的には、まずは第一印象で、「美男であるか、美女であるか」を見られるというのがありますし、歌手であれば、「声がよいかどうか」といったことも見られると思います。これに関しては、ある程度までは受けなければならないところはあるでしょう。ただし、「その先」があるのです。

そのように見た目で判別されるのは、オーディションを受けたり、あるいは、事務所に所属したりするレベルの段階ではあるでしょう。しかし、実際に仕事をし始めると、それだけではないことが明らかになってきます。人によっていろいろと違いが出てくるわけです。

やはり、さまざまな場面で創意工夫《そういくふう》する人や努力する人、人の仕事をよく研究している人というのは、ほかの人とは違うのです。

比較《ひかく》的若手の男性の役者でも、「仕事が入っていないときは、とにかく映画館に行って映画を観《み》続けている」などという人がいます。その人は、確か、「今年は、ちょっと勉強不足だった。映画は二百四十本ぐらいしか観られていない。今年の勉強は足りなかった。もっと頑張《がんば》って、最低でも一日一本ぐらいは観なければいけないのに、観られなかった」といった内容の反省を書いていました。

やはり、その努力し続けているところは、何かで実を結ぶものなのです。

「自分ではできない演技を、ほかの人はどのように演技しているか」ということを、いろいろな人の演技の仕方を見て学べば、まねできるところもあるでしょうし、監督《かんとく》やその他の人が指導してくれることを聞きながら、自分の変えられるものは変えて、演じなければならないところもあるでしょう。

もちろん、「ここは、こうやりたい」と、自信を持って通せるようになる場合もあるとは思います。ただ、それは、どうしても、実績やキャリア相応だと思うのです。実績やキャリアに比例して、自分の意見を言える範囲《はんい》は広がると思うので、このあたりを無視してはいけないでしょう。

☑ 対処法①――進化していかなければ脱落《だつらく》する

芸能界では、「大型新人登場」という感じで出てくることもあるとは思いますが、最初の一作目、二作目ぐらいでちやほやされても、その後、だんだんと消えていく人は後を絶ちません。やはり、そのあとも研究熱心であるか、勉強熱心であるか、あるいは、周りの人たちとうまくやっていく力があるかということも大事なのです。

例えば、何十人ものスタッフと、島で一カ月も一緒《いっしょ》に暮らしながらロケをしたりすれば、喧嘩《けんか》も起きるでしょう。そのあたりで人間の好き嫌いが出てきたりすると、仕事で協力を得られなかったり、あるいは、失敗したらガンガンにこき下ろされたりするようなこともあるわけです。

みな、それぞれに長所があって、「自分は特別だ」と思っているような人が、いろいろな分野であちこちに存在するのだとは思います。それについては、認めるべきところは認めてあげなければいけないけれども、やはり、「最初のままで、すべて最後まで通用するような人はいないのだ」ということは知っておいたほうがよいでしょう。

要するに、「進化していかなければならないのだ」「進化、進歩せず、現状維持《いじ》をしているだけであれば、脱落《だつらく》することになるのだ」ということです。

例えば、「今年のオーディションでグランプリに輝《かがや》きました」という場合、その年には、「その子がいちばんよい」という感じになるのでしょうけれども、また翌年にもオーディションはあってグランプリが出るし、翌々年も出ます。そのように、次から次へと新しい人が出てくるわけです。また、最初は、それほど大したことはないと思われていたような人が、だんだん追い抜《ぬ》いてくるようなこともあるわけです。

これは相撲《すもう》の世界でも同じです。やはり、あとから追いかけてきて、追い抜いていくこともありますし、〝抜かれた〟と思ったら、しばらくしたら、また〝抜き返す〟ようなこともあります。

同じように、役者でも、主役ばかりを演じていたような人が脇役《わきやく》をするようになり、しばらく〝潜《もぐ》っている〟かと思えば、また主役に戻《もど》ってくるようなこともあるわけです。

☑ 対処法②——「惜福《せきふく》・分福《ぶんぷく》・植福《しょくふく》」の「三福《さんぷく》の精神」が成功への道

芸能界は競争が非常に激しいところなので、個人の勉強をし続けると同時に、他の人たちから認めてもらえるように上手に生きていかなければならないし、他の人たちに気持ちよく働いてもらえるようにしなければなりません。多くの人たちに不愉快感《ふゆかい》を与《あた》えながら成功しようというのは、やはり、やや甘《あま》いのではないかと思います。

幸福の科学には、女優の千眼美子《せんげんよしこ》さんもいますけれども、出家《しゅっけ》前には、「芸人が共演したい女優ナンバーワン」にもなっていました。意外にこういうものが大きいのです。

「共演したい女優ナンバーワン」ということは、おそらく、「一緒に出たら引き立ててくれる」ということであり、「自分がよく見えるようになる」ということでしょう。

それは、つまり、どういうことかというと、「自分の演技をしつつも、ほかの人の演技がうまく見えるように上手に支えている」ということだろうし、おそらくは、現場の雰囲気《ふんいき》をよくするために努力なされているのだろうと思います。そのようでありたいものです。

要するに、「自分だけが光っていればよい」というものではなく、「ほかの人も、その余得にあずかることができる」ということです。

「惜福《せきふく》・分福《ぶんぷく》・植福《しょくふく》」の考えもありますが、「惜福」というのは、自分自身が百点ほめられるところを、「いやいや、そんな百点に思われてしまっては、ちょっと行きすぎで、慢心しますから」というように、自分については、ほどほどのところで抑《おさ》えるわけです。

そして、「分福」として、ほかの人の演技までやや光って見えるように、多少、協力をしてあげることも大事でしょう。

さらには、「植福」として、まだ将来性があると思うような後進の者や、あるいは、今はまだ少し〝くさって（気落ちして）いる〟ような人などがいたら、そういう人たちがもっともっと伸《の》びていけるように、将来のための指針や糧《かて》になるようなものをあげることです。十二、三歳《さい》の子でも、励《はげ》ましてあげたりしていると、本当に成長してくることもあるでしょう。

このような「惜福・分福・植福」の「三福《さんぷく》の説」というのは、ほかの仕事でも成立するものだと思っています。

〝英語ができすぎる〟人の微妙《びみょう》な使われ方

さて、芸能関係についてお話ししましたが、国際本部からの質問であれば、「おそらく、そうした〝語学天狗〟をたくさん抱《かか》えていて、言うことをきかないような人が大勢いるのだろう」という推定は、容易につきます（注。質問者は幸福の科学国際本部所属）。

例えば、「国際本部長は、語学ではトップでなければならない」などと言われると、たまらないものはありましょう。それは、〝余計な仕事〟が多いからです。やはり、本部長ともなれば、マネジメントの仕事や、さまざまなところとの交渉《こうしょう》など、ほかのセクションでもあるような、この世的な普通《ふつう》の仕事がいろいろとあるわけです。

ところが、人との交流はせずに勉強だけしていて、「英語は俺《おれ》のほうが上だ」

などと言うような人がいたりします。

また、英語というのは、年齢《ねんれい》に関係なく結果が出るので、特に〝試験もの〟はたまらないでしょう。二十代ぐらいの若い人にはなかなか敵《かな》わないので、「ゴルフのようにハンディをつけてもらえないかな」という気がしないでもありません。

ですから、「(若い人の）点数は、〝〇掛《が》け〟で見る」というようにしなければいけないと思うのですが、それでもなかなか言うことをきかないところはあるでしょう。ＴＯＥＩＣ《トーイック》などの試験で、「自分のほうが、五十点高かった」などと言って、それだけで上司の言うことをきかないようなところもあるので、難しいとは思います。

しかし、お互《たが》いに、「仕事はトータルの能力でやるものだ」ということを知っていなくてはいけないでしょう。

●以前にも述べたように、私は商社出身ですが、商社にいても、英語ができるだ

●以前にも述べたように……　『現代の帝王学序説』(幸福の科学出版刊）等参照。

けでは出世しないのです。

もっとも、英語はできなければ駄目《だめ》で、まったくできないとなると、最初から「国内要員」ということで、海外に行くチャンスもなくなります。そうなると、商社マンとしては、「一流」とは言えない部類になるので、半分より上には行かないことになります。

その意味で、海外に行く人間としては、ある程度、英語ができたほうがいいことはいいのですが、できすぎると、また微妙《びみょう》な問題が生じます。

例えば、海外歴が長くて、英語が〝できすぎる部下〟がいるところに、あとから上司が来たとします。

そうなると、あとから来た上司は、最初は英語がほとんど話せないので、モ

ワールドトレードセンタービル（北塔）の40階にあったニューヨーク本社に派遣され、一年間ほど勤務していた。

ゴモゴと言わざるをえず、三カ月ぐらいは何を言っているのか聴《き》き取れません。「うん？ 今、何を言ったかな」と思って、聞こえないぐらい小さな声で話しているわけです。

これは、かつて海外に駐在《ちゅうざい》したことがある人でも、何年かたってから再び来ると、だいたいそうなります。三カ月ぐらいは元に戻らないので、周りに聞かれないように小さな声で話し、だんだん慣れてきたら声が大きくなってくるのですが、そういうときには、「長くいて、よく英語ができる部下」がいると、その人を〝通訳代わり〟に使って、外の人と話したりします。

ところが、だんだん、通訳している側が威張《いば》り始めるのです。「上司が英語ができない」というようなことで、いろいろなところで威張ったり、陰口《かげぐち》を言ったりするようになります。

そうなると、人事考課者は上司ですから、だんだん、その部下の給料やボーナスが減ってき始めるわけです。その結果、その部下は、「俺のほうがよくできるのに、〝生意気《なまいき》な〟上司だ」ということで、また、余計に盾突《たてつ》いてくるようになります。喧嘩をして、お互いに〝減点合戦〟です。「英語も話せないくせに」とか、「英語しか話せないくせに」とか、お互いに言いたいことがあるわけです。

もちろん、上司としては、「私は、きちんと全体の決算の状態をつかんでおり、それを合理化するマネジメントをしながら仕事をしている。今は、たまたま外国にいるので英語が要《い》るけれども、そういったマネジメントの能力があって、人も使うことができているのだ。おまえは、英語を話して自己顕示《けんじ》に走っているだけではないか」などと考えており、なかなか意見が合わないのです。

ニューヨークで見た「英語ができても昇進《しょうしん》しなかった上司」の話

これは、私も現実に見たことです。当時、私のいた商社のニューヨーク本社には、日本の本社の財務本部出身と経理本部出身の人たちが来ており、「財経部」という部署をつくっていました。

ところが、財経部には、経理のトップの課長と、財務のトップの課長がいるのですが、財務のトップはニューヨークに来るのが三回目ぐらいだったので、英語がペラペラでけっこう話せたのに、経理のトップとして来ていた人は、あまり英語が話せなかったのです。

当時は、まだパソコンがなく、英文タイプライターを使っていたのですが、経理のトップは、英文タイプライターも、一生懸命《いっしょうけんめい》、指一本で押《お》して打っていました。そのため、見ていると気の毒なぐらいで、「一本指で、よくそれだけの速度で打てるな」と思っていました。みな十本の指で打っており、私でも赴任《ふにん》してしばらくすると十本の指で打ち始めていたのに、その人は指一本で延々と打ち続けていたわけです。

にもかかわらず、当時、課長の上である次長職に、経理のトップのほうが一年早くなり、英語がペラペラだった財務のトップは上がらなかったのです。そのため、財務のトップは、荒《あ》れ狂《くる》って、毎晩、お酒を飲みに繰《く》り出していました。当時、私も誘《さそ》われて行く場合はあったのですが、行くと、たいてい、昇進《しょうしん》が遅《おく》れたことへの八《や》つ当たりを受けたわけです。

結局、その人は、〝英語ができすぎて〟点数を引かれたらしいのです。また、その人は東大出《で》だったのですが、「東大を出て、英語がよくできる」ということで嫉妬《しっと》され、そうではない関西系の学校を出た経理のトップが、同期だけれども先に上がったわけです。

そうなると、財務のトップだった人は、やはり納得《なっとく》がいかず、東大の後輩《こうはい》である私あたりに八つ当たりしてくるので、「〝夜の出番〟は回数を減らさないと危険だな」と思うようなこともありました。

そのように、商社では、実は、英語ができても嫉妬されることがあり、そうした嫉妬には、合理的に嫉妬する場合、当然だと思う場合もあれば、不合理な嫉妬もあります。いずれにせよ、両方、人間なので、感情のコントロールはそう簡単ではありません。

ただ、私などが見ていると、その財務のトップは、英語がよくできても、何か〝阿修羅《あしゅら》〟波動《はどう》のようなものが出ていて、ものの言い方がきつい人でした。外国暮らしが長いとそうなるのかもしれませんが、ニューヨーク駐在が長くて、隅《すみ》から隅まで仕事が分かっているような顔をしてやっている人なので、ものの言い方が非常にきつくなっていたわけです。もう一方の経理のトップは、人格がもう少し丸い方ではありましたが、財務のトップは言い方が非常にきつかったのです。

例えば、私などにも、非常にきつい言い方をしていました。私は、向こうでは、アメリカンネーム（ニックネーム）で、「ティミー（かわいい）」と呼ばれていました（苦笑）。「ティミー！　飲みに行くぞ」などと言われるわけです。

ところが、私は、当時、仕事をしながら大学院に通っていたため、「先ほどまで大学院に行っていて、今、会社に帰ってきた」というような状況《じょうきょう》で、机の上には書類がたくさん溜《た》まっているわけです。その財務のトップは、当然それを知っているのです。

もちろん、その間、仕事などできるわけがありません。机には、“Please《プリーズ》 call《コール》 back《バック》.”（折り返しお電話ください）という付箋《ふせん》が、もう、二十枚も三十枚も貼《は》ってあり、それについて、すべて電話をかけて、処理しなければいけないのです。

それにもかかわらず、「おい、飲みに行くぞ！　えっ？　まだできないのか。おまえ、仕事が遅《おそ》いなあ。もう、六時半には出るぞ」などと言われるので、こちらは「ヒエーッ。今、帰ってきたところなのに、できるわけがないじゃないか」と思ったりしました。

そのように、いつも理不尽《りふじん》な怒《いか》りをぶつけられていましたが、おそらく、ほかの理由も入っていたのだろうとは思います。そのようなこともありました。

商社の鉄鋼部門で、嫉妬《しっと》されて出世が止まった東大の先輩《せんぱい》の話

あるいは、英語がよくできたりすると、〝ガイド代わり〟に使えるので、社長の海外出張や副社長の海外出張等に連れていかれるような人もいるわけですが、これはこれで、出世のように見えるので周りから嫉妬《しっと》されるのです。

そのため、「英語ができて、英語の通訳ガイドの資格を持っている」というような人が〝英語の便利屋〟として使われると、今度は出世しなくなります。そういった通訳等にはよいのですが、必ずしも、仕事の組み立てやマネジメントができるわけではないからです。もちろん、出世する人もいるでしょうが、出世しない人もいました。

例えば、東大の二十年以上先輩《せんぱい》の方で、当時、鉄鋼部門の副本部長ぐらいまで行っていた人がいました。その人は、いちおう東大出身で、国立大学に一期校・二期校があったころに東大の文Ⅰ（法学部）に受かった卒業生なのですが、たまたま、二期校の東京外大（東京外国語大学）にも出願していたため、ついでにと思って受けたら、東大は受かったのに、東京外大は落ちてしまったのです。

そのため、それが悔《くや》しくて、商社に入ってから英語の勉強をして、通訳ガイドの資格まで取っていました。

ところが、「東大法学部を出ている」というだけでも、周りの人は十分、腹が立っており、「おまえなどに、鉄鋼の営業ができるか」と思っているわけです。

そもそも、鉄鋼部門の仕事というのは、〝芸者商売〟と言われており、揉《も》み手をして、やるようなものでした。それは、当時の新日鐵《しんにってつ》（現・新日鐵住金《すみきん》）や日本鋼管（現・ＪＦＥスチール）など、製鉄会社のほうが、当然ながら商社より強かったからです。商社は、そこの商売を頂いて、輸出したり輸入したり、売ったり、いろいろしていたわけです。

そのように、非常にメーカーが威張っている場合と、商社が威張っている場合とがあって、部署によって違うのですが、鉄鋼部門は〝芸者商売〟と言われており、夜に接待をしなくてはいけないところなのです。

ところが、そもそも、「東大を出ている」というだけでも、周りの人は「生意気で、ぶっ潰《つぶ》してやりたい」と思うぐらい腹が立っており、「頭《ず》が高い」のでは駄目なのに、さらに、「英語の通訳ガイドの資格を持っている」と一生懸命、吹《ふ》いているので、余計に腹が立つわけです。もう、〝ダブルパンチ〟を打ちたいぐらいでしょう。

その結果、その人は、「エリートで、もっと出世する」と思われていたのに、本部長にもならないで、副本部長ぐらいから、イランの支社長というか子会社の社長になって終わってしまいました。そのように、「えっ、あの人がそれで終わってしまうのか」と、不思議に見えた人もいたのです。それは、やはり、〝どんがりすぎた〟からではないかと思います。

そのように、中堅《ちゅうけん》ぐらいまでは、何かの能力があると使えるので、けっこう評価されることもあるのですが、それを過ぎたあと、大勢の人を使う段になると、やはり、「もう少し人間的に丸いか」「人がついてくるような人格・人徳があるか」というようなことで評価されるようになるわけです。そのあたりの切り替《か》えは難しいものでしょう。

要するに、若いころは、とにかく、実際にできないと駄目なのです。資格試験等、いろいろありますが、とりあえず通って目立たないと〝捨てられる〟可能性があります。

そのように、けっこう競争は激しいので、どんどんどんどん選抜《せんばつ》されていって、なかなか生き残れないのは確かです。しかし、途中《とちゅう》から、だんだんに、「自分が目立つよりも、ほかの人たちを引き上げたり、チーム力を上げたりして結果を出せるか」というほうに評価の基準が変わってくるのです。それを知っておかなければいけません。

そういうわけで、英語等についても、嫉妬を買わないように、上手にやらなくては駄目なのです。

「フランス語ができる」と書くとアフリカ行きだった商社

ちなみに、国際本部等の人であれば、いろいろな言語ができる人がうらやましいでしょう。しかし、商社等に行くと、フランス語を話せても、「フランス語ができる」と書かない人はけっこういました。

当時、アフリカは、フランス語でなければ仕事ができなかったので、「フランス語ができる」などと自慢気《げ》に書いたら、〝直行便〟でドーンとアフリカに行ってしまうことになるからです。

アフリカというのは、「インフラが悪い」「家族がついていけない危険地帯が多い」「代わりがいないので長くなる」などということもあって、けっこう厳しいところでした。

そのため、商社は、採用するときの面接で、入れるかどうか迷ったときには、最後に、「君、『アフリカに行け』と言われたら、すぐにでも行ってくれるか」という質問をするのです。そのときに、答えが返ってくるのに何秒ぐらい時間がかかるかを計っていて、即答《そくとう》しなかったら不採用になるわけです。したがって、受かりたかったら、「アフリカですか。いいですよ。行きます」というように言わなくてはいけません。

例えば、「君は長男だけど、大丈夫《だいじょうぶ》か」とか、「次男だから行けるか」とか、

「三男だから大丈夫か」とか、「故郷《くに》にいる、お父さん、お母さんの面倒《めんどう》は大丈夫か」とか、いろいろ訊《き》いたりして、最後に、「アフリカに行けるか」というような質問をすることがあるわけです。

ともあれ、フランス語については、「できる」と書くと、行く場所が特定される可能性があるので、書かない人が多かったのです。

印象が強いという〝武器〟で有利になることも

少し余談になりましたが、とにかく、若いうちから目立つには、何か〝武器〟を持っていなければいけません。したがって、人より努力して、何か〝武器〟を持つべきだと思います。

ただ、中堅から上になってくると、自分だけではなくて、チームとしての成果や実績などが測られ、その人がいると仕事がしやすいかどうかを見られます。

「その人がいると一緒に組めない」とか、「一緒に仕事ができない」とかいうようになると、能力があってもマイナス評価になってしまうのです。

さらには、「上司の言うことをきかない」ということがある場合、これは残念ながら出世しません。そのため、高学歴だったり、英語ができたりしても、窓際《まどぎわ》になる人は出てきます。

結局、もっと上に上がっていった人というのは、そこそこ英語ができはするものの、やはり、それ以外の能力のところでもって、「ほかの部署にいても出世するだろうな」と思うような人でした。それが、トータルの能力だと思います。

私なども、若いときに商社に入ったころのほめられ方は、少し不本意だったのですが、「君は実にいい」と言われたのです。それで、「何がいいのですか」と訊くと、「誰《だれ》が見ても秀才《しゅうさい》に見えないから、それがいい」と言うので、「何というほめ方だ」と思いましたが（笑）、要は、「外に出して、外の会社の人と会っても秀才に見えないから、そこがいい」というわけです。

そんなほめ方があるのだろうかと思ったのですが、「秀才顔をしていなかった」ということでしょう。今はしているのかもしれませんが、昔はしていなかったようで、「秀才に見えない」と言われていました。

また、その次には、「顔」と「話の内容」について、「第一印象が強くて、一回会ったら忘れないので、すごく有利だ」とも言われました。

私は、商社では、管理部門の財務本部というところに行きましたが、営業本部のほうもずいぶん欲《ほ》しがってはいたようです。「非常に印象が強くて、一回会ったら、おそらく忘れないタイプの人なので、相手がファンになったら、とことん、サービスしてくれたり、協力してくれたりするようになるから、営業だっていけるよ」というわけです。

私のいた会社は、大阪《おおさか》が発祥《はっしょう》の地だったため、当時は「東京・大阪両本社制」

だったのですが、大阪本社のほうは繊維《せんい》や衣料などが強いところでした。「関西五綿《ごめん》」（伊藤忠《いとうちゅう》、丸紅《まるべに》、日本綿花〔現・双日《そうじつ》〕、東洋棉花《めんか》〔トーメン。現・豊田通《とよた》商〕、江商《ごうしょう》〔現・兼松《かねまつ》〕）と言って、衣料が強い商社の一つだったのです。そのため、衣料本部などからもけっこう引きがあり、当時の社長が衣料本部出身だったこともあってか、私に対して、「一回ぐらい衣料本部に行かせたい」と言ってはいました。

なお、現在、幸福の科学グループは芸能部門なども立ち上げているので、今思えば、衣料関係の仕事をやっておいてもよかったかなと思ったりもします。

要するに、商社の衣料本部には、海外で売れているもの、売れ筋《すじ》のものをいろいろと見つけてきて、「これは、いけるのではないか」ということで仕入れて、国内で流通させるバイヤーがたくさんいるわけです。

例えば、伊勢丹《いせたん》の腕利《うでき》きバイヤーなどは有名ですが、伊勢丹より、もっと先を行っているのは商社なのです。商社のバイヤーは、もっともっとマイナーなところまで入り込《こ》んで品物を探したり、海外でブランドをつくるところから育てるところまでやったりするので、もっともっと目は利きます。

もし、私がそうした婦人服等の衣料の仕事をしていたら、もっと目が利いて、今の仕事に役に立ったかもしれません。そう思うと、「残念だな。お金の計算ばかりして、損をしたな」と感じることもあります。

対処法③——結局、組織で求められる「トータルの能力」とは？

ともあれ、「国際部門には使いにくい人がいるだろう」ということは、経験的に分かります。実際、そうだろうとは思います。そこで、そういう人たちに知ってほしいのは、次のようなことです。

そもそも、最初は、ある程度、英検の資格を取ったり、ＴＯＥＩＣで高得点を取ったりして目立たないと、国際本部に入れてもらえないでしょう。したがって、まずは目立つことが大事です。

しかし、それからあとは「人間力」、つまり、「人間関係を築く力」などが必要です。例えば、仲間とチームを組んで何かのプロジェクトをやり遂《と》げたり、先見性があったり、よいプランを出したりすることが求められるかもしれません。あるいは、採算感覚があったり、国際本部以外の部署と折衝《せっしょう》して予算を取ってきたり、OKを取ってきたりするような能力なども要るようになるでしょう。

その意味で、人間力プラス語学力という「トータルの能力」の戦いになるので、「そのあたりのことをよく知っておいたほうがいいよ」ということを教えておきたいと思います。

なお、「国際本部長が、何が何でも一番でなければいけない」ということはまったくなく、私も、全然、そのような目では見ていません。やはり、「本部長の人柄のよさが国際本部をまとめているのだろうな」と、いつも見ているので、点数がどうであるのかなどは、まったく気にもしていないのです。

もちろん、ほかの部署でも、国際本部長より英語ができる人はたくさんいるでしょう。ただ、それは、おそらく、テストだけのことであって、〝本当の英語〟ができるかどうかは分かりません。

確かに、テストだけを見れば、全然関係のない部署において、ＴＯＥＩＣで九百九十点や九百八十点等の点数を取る人はたくさんいるので、そうした人を国際本部で使えばいいと思うでしょう。しかし、別の適性で使われている人もたくさんいます。

そのように、「英語の能力があれば、みなを率いられるか」というと、決して、そのようなことはないわけです。

もちろん、英語についても、一定レベル以上の能力は必要ですが、「そのあとはトータルの能力が効いてくる」ということです。

あるいは、ほかのセクションにおいても、そこでの強みとして評価されるものはあるとは思います。しかし、年を取っていくと、やはり、もう少しほかの能力も加味されてきて、全体的な能力が評価の対象になるわけです。

結局、そうしたトータルの能力を持てない人は駄目でしょう。「その人がいることで、かえって和が乱れる」ということになると、マイナス要因になるので、「一人でやっていろよ」という感じになるかもしれません。これは、組織においては、非常に危険なことだろうと思います。

SUMMARY
対処法まとめ

霊的に敏感で主観的になりやすい人の対処法

- □ 「空《から》の袋《ふくろ》は立たず」と自戒《じかい》して、見識を高めるための勉強や修行《しゅぎょう》を行う。
- □ 「神仏への信仰心《しんこうしん》」と「僧団《サンガ》への信頼《しんらい》」が悪《あ》しき霊《れい》存在から自分を護《まも》ってくれる。
- □ 規則正しい生活を送り、コツコツと努力する〝まめな性格〟をつくる。

嫌われる〝天狗〟にならないための対処法

- □ 「自分は特別だ」と思っても、進化せずに現状維持《いじ》していると脱落《だつらく》になると心得《こころえ》る。
- □ 「惜福《せきふく》・分福《ぶんぷく》・植福《しょくふく》」の「三福《さんぷく》の精神」が成功への道を拓《ひら》く。
- □ 「協調性」「チーム力」「嫉妬《しっと》を買わない」「採算感覚」など、人間力を含《ふく》めたトータルの能力を高めることを目指す。

あとがき

私が会社勤めの時代から、幸福の科学をつくり、現在まで引っ張ってきた中には、様々な人々との出会いや別れがあった。比較的優秀で才能のある人たちと一緒にやってきた経験が多かったと思う。能力的には、いろんな面で私より優れている人がいたし、「その年齢では自分はそんなことはとてもできなかったな。」と感じる人が少なくない。

優秀な人が成功しなかった場合、嫉妬心《しっとしん》に負けたと思われることも多い。実際、そうであることもあろう。しかし、たいていは、他人《ひと》を裁《さば》きすぎたり、協調の努力を怠《おこた》ったことが原因の場合が六〜七割を占める。謙虚《けんきょ》であること。穏《おだ》やかであること。自分中心的にならないこと。感情のままに怒らないこと。過ぎたほめ言葉を言わぬこと。異性に対して、仕事面ではフェアであること。コネを使い過ぎないこと、など。対策はごく基礎的なものであるが、真理の勉強にもつながってゆくことだろう。

二〇一八年　一月十九日

幸福《こうふく》の科学《かがく》グループ創始者兼総裁《そうししゃけんそうさい》　大川隆法《おおかわりゅうほう》

『人に嫌われる法則』大川隆法著作関連書籍

『幸福の原点』（幸福の科学出版刊）
『幸福への方法』（同右）
『不動心』（同右）
『現代の帝王学序説』（同右）
『悪魔からの防衛術』（同右）
『真実の霊能者』（同右）
『パパの男学入門』（同右）
『緊急守護霊インタビュー 金正恩vs.ドナルド・トランプ』（同右）
『公開霊言 アドラーが本当に言いたかったこと。』（同右）
『自制心』（大川隆法・大川直樹 共著 同右）

人《ひと》に嫌《きら》われる法則《ほうそく》

──自分ではわからない心のクセ──

2018年2月2日　初版第1刷
2018年10月7日　第2刷

著　者　大《おお》川《かわ》隆《りゅう》法《ほう》

発行所　幸福の科学出版株式会社

〒107-0052 東京都港区赤坂2丁目10番14号
TEL(03)5573-7700
https://www.irhpress.co.jp/

印刷・製本　株式会社 堀内印刷所

落丁・乱丁本はおとりかえいたします

ISBN978-4-86395-979-8 C0030
カバー Nataliia K/Shutterstock.com
p.27 trikehawks/PIXTA ／ p.96 リュウタ/PIXTA
装丁・イラスト・写真（上記・パブリックドメインを除く）© 幸福の科学

大川隆法ベストセラーズ・心をコントロールするために

自制心

「心のコントロール力」を高めるコツ

大川隆法　大川直樹　共著

ビジネスや勉強で、運や環境の変化などに左右されずに成果を生み出し続けるには？「できる人」になるための「心のマネジメント法」を公開。

1,500円

心を育てる「徳」の教育

受験秀才の意外な弱点を分かりやすく解説。チャレンジ精神、自制心、創造性など、わが子に本当の幸福と成功をもたらす「徳」の育て方が明らかに。

1,500円

「幸福の心理学」講義

相対的幸福と絶対的幸福

人生の幸・不幸を左右する要因とは何か？ 劣等感や嫉妬心はどう乗り越えるべきか？「幸福の探究」を主軸に据えた、新しい心理学が示される。

1,500円

※表示価格は本体価格（税別）です。

大川隆法ベストセラーズ・心をコントロールするために

幸福の法

人間を幸福にする四つの原理

真っ向から、幸福の科学入門を目指した基本法。愛・知・反省・発展の「幸福の原理」について、初心者にも分かりやすく説かれる。

1,800円

不動心

人生の苦難を乗り越える法

本物の自信をつけ、偉大なる人格を築くための手引書。蓄積の原理、苦悩との対決法など、人生に安定感をもたらす心得が語られる。

1,700円

幸福の原点

人類幸福化への旅立ち

幸福の科学の基本的な思想が盛り込まれた、仏法真理の格好の手引書。正しき心の探究、与える愛など、幸福になる方法が語られる。

1,500円

大川隆法 霊言シリーズ・徳あるリーダーとなるために

徳のリーダーシップとは何か 三国志の英雄・劉備玄徳は語る

三国志で圧倒的な人気を誇る劉備玄徳が、ついに復活！ 希代の英雄が語る珠玉の「リーダー学」と「組織論」。その真実の素顔と人心掌握の極意とは？

2,000円

吉田松陰「現代の教育論・人材論」を語る

「教育者の使命は、一人ひとりの心のロウソクに火を灯すこと」。維新の志士たちを数多く育てた偉大な教育者・吉田松陰の「魂のメッセージ」！

1,500円

政治家の正義と徳 西郷隆盛の霊言

維新三傑の一人・西郷隆盛が、「財政赤字」や「政治不信」、「見世物の民主主義」を一喝する。信義と正義を貫く政治を示した、日本人必読の一冊。

1,400円

幸福の科学出版

大川隆法 ベストセラーズ・悪霊の影響を防ぐには

悪魔からの防衛術

「リアル・エクソシズム」入門

現代の「心理学」や「法律学」の奥にある、霊的な「正義」と「悪」の諸相が明らかに。"目に見えない脅威"から、あなたの人生を護る降魔入門。

1,600円

真実の霊能者

マスターの条件を考える

霊能力や宗教現象の「真贋《しんがん》」を見分ける基準はある——。唯物論や不可知論ではなく、「目に見えない世界の法則」を知ることで、真実の人生が始まる。

1,600円

エクソシスト概論

あなたを守る、「悪魔祓い」の基本知識Q＆A

悪霊・悪魔は実在する！ 憑依現象による不幸や災い、統合失調症や多重人格の霊的背景など、六大神通力を持つ宗教家が明かす「悪魔祓い」の真実。

1,500円

※表示価格は本体価格（税別）です。

想像を絶する、
〝始まり〟へ。
3億3千万年の時空を超えて――いま、
壮大なスケールで描かれる真実の創世記。
この星に込められた、「地球神」の愛とは。
製作総指揮・原案／大川隆法
長編アニメーション映画
宇宙の法
黎明編
The LAWS of the UNIVERSE-PART I
逢坂良太　瀬戸麻沙美　柿原徹也　金元寿子　羽多野 渉　／　千眼美子
梅原裕一郎　大原さやか　村瀬 歩　立花慎之介　安元洋貴　伊藤美紀　浪川大輔
監督／今掛 勇　音楽／水澤有一　総作画監督・キャラクターデザイン／今掛 勇　キャラクターデザイン／須田正己　VFXクリエイティブディレクター／粟屋友美子
アニメーション制作／HS PICTURES STUDIO　幸福の科学出版作品　配給／日活　配給協力／東京テアトル　©2018 IRH Press
10.12［FRI］日米同時公開
laws-of-universe.hspicturesstudi

幸福の科学グループのご案内

宗教、教育、政治、出版などの活動を通じて、地球的ユートピアの実現を目指しています。

幸福の科学

一九八六年に立宗。信仰の対象は、地球系霊団の最高大霊、主エル・カンターレ。世界百カ国以上の国々に信者を持ち、全人類救済という尊い使命のもと、信者は、「愛」と「悟り」と「ユートピア建設」の教えの実践、伝道に励んでいます。

（二〇一八年九月現在）

愛

幸福の科学の「愛」とは、与える愛です。これは、仏教の慈悲《じひ》や布施《ふせ》の精神と同じことです。信者は、仏法真理をお伝えすることを通して、多くの方に幸福な人生を送っていただくための活動に励んでいます。

悟り

「悟り」とは、自らが仏の子であることを知るということです。教学《きょうがく》や精神統一によって心を磨き、智慧《ちえ》を得て悩みを解決すると共に、天使・菩薩《ぼさつ》の境地を目指し、より多くの人を救える力を身につけていきます。

ユートピア建設

私たち人間は、地上に理想世界を建設するという尊い使命を持って生まれてきています。社会の悪を押しとどめ、善を推し進めるために、信者はさまざまな活動に積極的に参加しています。

国内外の世界で貧困や災害、心の病で苦しんでいる人々に対しては、現地メンバーや支援団体と連携して、物心両面にわたり、あらゆる手段で手を差し伸べています。

年間約３万人の自殺者を減らすため、全国各地で街頭キャンペーンを展開しています。

公式サイト **www.withyou-hs.net**

ヘレン・ケラーを理想として活動する、ハンディキャップを持つ方とボランティアの会です。視聴覚障害者、肢体不自由な方々に仏法真理を学んでいただくための、さまざまなサポートをしています。

公式サイト **www.helen-hs.net**

入会のご案内

幸福の科学では、大川隆法総裁が説く仏法真理《ぶっぽうしんり》をもとに、「どうすれば幸福になれるのか、また、他の人を幸福にできるのか」を学び、実践しています。

入会

仏法真理を学んでみたい方へ

大川隆法総裁の教えを信じ、学ぼうとする方なら、どなたでも入会できます。入会された方には、『入会版「正心法語」』が授与されます。

ネット入会 入会ご希望の方はネットからも入会できます。
happy-science.jp/joinus

三帰《さんき》誓願《せいがん》

信仰をさらに深めたい方へ

仏弟子としてさらに信仰を深めたい方は、仏《ぶっ》・法《ぽう》・僧《そう》の三宝《さんぽう》への帰依を誓う「三帰誓願式」を受けることができます。三帰誓願者には、『仏説・正心法語《しょうしんほうご》』『祈願文《きがんもん》①』『祈願文②』『エル・カンターレへの祈り』が授与されます。

幸福の科学 サービスセンター
TEL 03-5793-1727
受付時間／
火～金：10～20時
土・日祝：10～18時

幸福の科学 公式サイト
happy-science.jp

仏法真理塾「サクセスNo.1」

全国に本校・拠点・支部校を展開する、幸福の科学による信仰教育の機関です。小学生・中学生・高校生を対象に、信仰教育・徳育にウエイトを置きつつ、将来、社会人として活躍するための学力養成にも力を注いでいます。

TEL 03-5750-0747（東京本校）

エンゼルプランV TEL 03-5750-0757

幼少時からの心の教育を大切にして、信仰をベースにした幼児教育を行っています。

不登校児支援スクール「ネバー・マインド」 TEL 03-5750-1741

心の面からのアプローチを重視して、不登校の子供たちを支援しています。

ユー・アー・エンゼル!（あなたは天使!）運動

一般社団法人 ユー・アー・エンゼル TEL 03-6426-7797

障害児の不安や悩みに取り組み、ご両親を励まし、勇気づける、
障害児支援のボランティア運動を展開しています。

NPO活動支援

いじめから子供を守ろうネットワーク

学校からのいじめ追放を目指し、さまざまな社会提言をしています。また、各地でのシンポジウムや学校への啓発ポスター掲示等に取り組む一般財団法人「いじめから子供を守ろうネットワーク」を支援しています。

公式サイト mamoro.org ブログ blog.mamoro.org

相談窓口 TEL.03-5719-2170

百歳まで生きる会

「百歳まで生きる会」は、生涯現役人生を掲げ、友達づくり、生きがいづくりをめざしている幸福の科学のシニア信者の集まりです。

シニア・プラン21

生涯反省で人生を再生・新生し、希望に満ちた生涯現役人生を生きる仏法真理道場です。定期的に開催される研修には、年齢を問わず、多くの方が参加しています。全国151カ所、海外12カ所で開校中。

【東京校】TEL 03-6384-0778 FAX 03-6384-0779

メール senior-plan@kofuku-no-kagaku.or.jp

幸福実現党

内憂外患《ないゆうがいかん》の国難に立ち向かうべく、2009年5月に幸福実現党を立党しました。創立者である大川隆法党総裁の精神的指導のもと、宗教だけでは解決できない問題に取り組み、幸福を具体化するための力になっています。

党の機関紙
「幸福実現NEWS」

幸福実現党 釈量子サイト **shaku-ryoko.net**
Twitter **釈量子@shakuryoko**で検索

幸福実現党　党員募集中

あなたも幸福を実現する政治に参画しませんか。

◯幸福実現党の理念と綱領、政策に賛同する18歳以上の方なら、どなたでも参加いただけます。
◯党費：正党員（年額5千円［学生 年額2千円］）、特別党員（年額10万円以上）、家族党員（年額2千円）
◯党員資格は党費を入金された日から1年間です。
◯正党員、特別党員の皆様には機関紙「幸福実現NEWS（党員版）」が送付されます。

＊申込書は、下記、幸福実現党公式サイトでダウンロードできます。
住所：〒107-0052　東京都港区赤坂2-10-8 6階 幸福実現党本部
TEL **03-6441-0754**　FAX **03-6441-0764**
公式サイト **hr-party.jp**　若者向け政治サイト **truthyouth.jp**